Contextualized English for Business Purposes:
A Project Cycle from A to Z

ビジネス・キャッツ
Cats

プロジェクトで学ぶ
実践ビジネス英語

寺内はじめ 編著
Terauchi Hajime

南雲堂

No.	プロジェクトサイクル	章のタイトル（英語・日本語）	コンテンツ
1	Prepare (Proposal)	**Preparing for a New Project** 新規プロジェクトの準備	Company condition Market analysis New technology/product Cost analysis
2	Plan	**Planning the Project—** **Project Mission Proclamation** プロジェクト計画の策定	Business ideas Product development plans Project charter (Vision, mission and goal)
3	Internal Proposal	**Segmenting the Market—** **Business Commitment** 市場分析（社内合意形成）	Market analyses (Pricing, market analysis, product portfolio management) Graphs, figures, tables Sales projection
4	Internal Proposal	**Persuading Top Management—** **Executive Commitment** 上層部の説得（上層部合意形成）	Market analyses (from management viewpoint) Projected sales
5	Develop Design	**Reporting on New Product Development—From R&D** 新製品開発の報告（技術研究所より）	Technical information Patent information Product specifications Description of design issues
6	Implementation	**Selling New Product to Retailer—** **New-Product Campaign** 販売代理店への新製品販売 （新製品キャンペーン）	Announcement of new product and marketing strategy (Selling to retailer) Product description (for retailer): Comparison with rival products
7	Operation	**Selling the New Product—** **On-the-Job Training** 新製品の販売活動（現場研修）	New Product Introduction & OJT (Selling directly to customer, etc.) Product description (for customer, user): Benefits over previous products, rival products
8	Operation	**Dealing with Complaints—** **Complaints from Retailers** 苦情処理（代理店への対応）	Retailer comments: Overall trends in customer complaints
9	Operation	**Dealing with Complaints—** **Complaints from Customers** 苦情処理（顧客への対応）	Customer comments: Direct description of problems
10	Optimization	**Reporting on New-Product Sales** 新製品売上結果の報告	Sales analysis (Business results for fiscal year figures, tables)

ビジネス・ファンクション	話し手の意図	会話のスタイル	章のミッション
Analysis Brainstorming	Getting advice	Informal internal conversation (With acquaintance)	新製品開発のアイディアを求めてリサーチフェロー（開発アドバイザー）であるどく太にインタビューを行う。
Internal meeting Formal project concept and planning	Explaining Getting agreement and approval	Formal internal conversation	上司に対してプロジェクトプランの作成に関するアドバイスを受けるとともに彼の許可を取り付ける。
Business case description, (Goal, and scope, timeline) Branding	Making a presentation Explaining	Formal internal conversation	会社の関係部署に対してプロジェクトのプレゼンテーションを行い、プロジェクトに対するサポートを取り付ける。
Persuasion & Risk and mitigation, Resource request	Explaining Persuading	Formal internal conversation	新開発のアイディアを会社の経営者層にプロジェクトプランとして提案する。
Development status Technology (Description and pros & cons)	Understanding Questioning Instructing	Informal internal conversation (With acquaintance)	新製品開発チームからの報告を受けて、プロジェクトの目的から外れないようにチームをマネージする。
Encouragement Promotion	Encouraging	Formal external conversation	販売代理店に対して新製品の販売キャンペーンに関する戦略を説明し、代理店のサポートを得る。
Promotion/Campagin	Persuading	Formal external conversation	販売代理店と共にお客様への新製品の実販売を通じてお客様への効果的なセールスアプローチをコーチする。
Customer support	Apologizing Getting agreement Disagreeing	Formal external conversation	新製品に関する販売代理店からの苦情に対して適切な対応をする。
Customer support	Apologizing Getting agreement Disagreeing	Formal external conversation	新製品に関するお客様からの苦情に対して適切な対応をする。
Annual meeting	Making a formal speech Greeting Sharing emotions and sympathy	Formal internal conversation	会社の年次総会にてプロジェクトに関する結果報告を行い、今後の戦略について説明する。

はしがき

21世紀になって，日本のビジネスパーソンが国際的に活躍する機会は増大しています。これまでは，組織の中でも海外駐在の人などごく一部の人だけが英語ができればよい状況だったのが，今までまったく英語に関係がなかった人でも英語を使用することになったのです。そして，英語は別に海外でだけ使うのではなく，国内でも英語を使わなくてはならない状況になっています。グローバルビジネスパーソンの誕生とも言えるでしょう。

本書『ビジネス・キャッツ』は，外国人を相手にビジネスを行うグローバルビジネスパーソンを対象に書かれました。プロジェクトの企画から，その報告まで実際のビジネスの流れに沿って英語を使用しながら国際ビジネスを展開していきます。プロジェクトを企画し，それが会社の内部で認められ，実際に製品を開発しますが，それに対しクレームを受け，その対応に追われたりしながら，最後は本社で報告会に臨みます。その状況によって太郎は英語を使い分けています。同じプレゼンテーションをするのでも，その相手が会社の上司なのか，外部の人なのか，また，その目的が相手を説得するためなのか，クレームに対する対策のためなのかなど目的によって使われる英語は当然変わってくるからです。

本書は多くのビジネス独特の表現を網羅し，解説を加えています。しかし，それだけではありません。文法的には正しいかもしれないけれども，実際にビジネスで使う英語としては適当でないものと，その場で使うことが理想的であるという表現に着目し，解説しています。実際の仕事の流れをシミュレーションしながら読みすすめてください。本書を読破して，グローバルビジネスパーソンとして，国内外の仕事に臨んでいただけますことを願っています。

本書は，編著者である筆者が企画し，外資系IT企業のプロジェクト・マネージャーとして活躍する中原正徳氏と宮田勝正氏が全体の流れと各チャプターのビジネスシーンを書き下ろしました。これに英語教育の専門家である野口ジュディー津多江武庫川女子大学教授，羽井佐昭彦相模女子大学教授，グレゴリー・プール筑波大学教授が解説とエクササイズを作成しました。そして，本書の真髄ともいえる猫のカットは松井寿男先生が担当しています。

猫の身体のケアについてはオザキ動物病院院長の尾崎里香先生、人間の身体のケアについてはスポーツ整体の遠藤定義先生に貴重なご意見をいただきました。また、打ち合わせの場を快く提供していただいた新越谷「さく間」の佐久間建一・多希子ご夫妻、本のデザイン全体に的確なアドバイスをいただいた舞踊家麗花さん、原稿の直しの度に整理の手伝いをしてくれた新井瞳さんなど多くの人に支えられて本書はできあがりました。そして、愛猫のゴンちゃんはもちろん家族の協力は何よりの支えとなりました。ありがとうございました。

編著者　寺内　はじめ

本書『ビジネス・キャッツ』は，国内外で外国人を相手に国際ビジネスを行う人を対象に書かれました。実際の仕事の流れをシミュレーションしながら読みすすめてください。本書の利用法を解説します。各チャプターはミッション→ポイント→英文→日本文→「太郎と確認するビジネス英語表現」→「どく太に挑戦」→「どく太の解答と解説」いう流れになっています。必ずしもこの流れに従う必要はありませんが「はしがき」でも触れたようにプロジェクトの企画から結果報告までのビジネスのひとつのサイクルが完結するようになっています。

英文だけを通して読んでも，日本文だけ読破しても結構です。「どく太に挑戦」にのみトライしても OK です。

ここでは一般的な利用法を紹介してみましょう。

ミッションとポイント

各チャプターの最初のページに「ミッション」とそれを遂行するための「ポイント」が示されています。このミッションとポイントはビジネスを成功させるために必須のものです。英文に行く前にじっくり読んで，頭の中でそのミッションに対する対応策を練ってください。

ミッション:

おはよう，太郎君。今回の君の任務は，停滞している Feline Products International（以下 FPI）の業績促進のため，わが FPI 社のセールス増加の起爆剤となる新製品開発のアドバイスを，技術研究所所長の猫野どく太氏から上手に聞き出し，新製品を完成させることにある。

ポイント:

FPI の現在おかれている経営状況及び市場環境状況を解説する（国内での売り上げが横ばい）。

英文

いよいよ英文を読んでいきます。少し解説してみましょう。音声は http://business-cats.net からダウンロードしてください。

そのまま英語として覚えたほうがいいという表現は太字でイタリックになり下線が引いてあります。また，ただ番号がついているのは，「注」であり，それぞれの「注」はその頁の下の部分で 1, 2 のように解説してあります。

Taro: Hi Doc![1] ***<u>The CEO told me to</u>***[2] plan a special project to expand our business abroad, focusing on the American and European markets.

1 "Hi!"は「やあ」という意味で"Hello!"よりも略式で主にアメリカで用いられます。この場合，太郎はどく太に対して非常に親しみのある声のかけ方をしています。社内で役職に応じて英語でも呼び方を変えています。日本のように役職名で人を呼ぶ習慣はありません。

2 英語表現としては "The CEO told me to plan a special project."といった能動態を使うことが多いです。しかし，太郎のように日本人は「社長が私に言った」というよりも，「私が社長に言われた」という受動態を使いがちです。また，"CEO" よりはアメリカでは名前で呼ぶことが多いです。

日本文

英文のあとには日本文（訳ではありません）が続きます。日本語で表現するとこうなるのかと確認してください。

太　郎:「やぁドク！ CEO が僕を海外進出特別プロジェクトを計画する担当に任命したんだ！これは欧米市場を狙う海外市場開拓のための販売戦略の中心となるプロジェクトなんだ。

太郎と確認するビジネス英語表現

このチャプターで出てきたビジネス独特の英語表現をポイントごとに整理して解説します。赤字部分がポイントになります。

ポイント①

To achieve this goal, he wants ideas on new products which will attract consumers abroad. Do you have any good ideas?
（この目標を達成するために彼は海外の消費者を惹きつける新商品のアイデアを探しているんだ。なにか良いアイデアはないかい。）

Chapter 1の目的は，太郎が猫野どく太氏に新製品についてのアドバイスを請うというものです。一般的な導入の流れは，状況説明（理由）→アドバイス要求となります。状況説明の1例として，To achieve this goal, he wants (we want, I want) ideas on...という表現を知っておきましょう。要求の目的をさらにはっきりさせるために，Do you have any good ideas? がよく使われるので，このまま覚えましょう。

どく太に挑戦！／どく太の解答と解説

チャプターに出てきた英語表現の練習問題です。特に，この状況で使用するのに最も相応しい英語表現は何なのかを聞く問題です。今まで学んできた英文法の知識を駆使して解いてください。その後に解答と解説が続きます。じっくり読んでみてください。

挑戦 1　ポイントは分かったかのぅ？次の日本文に合う最適な英文を選ぶのじゃ。その理由も考えられるかな？

1. 太郎が親しい同僚へ：「私たちの製品についてのあなたの考えを求めたいのです。」

   a. We are seeking your ideas in relation to our products.

   b. Got any ideas for our products?

   c. We'd like to have your ideas for our products.

挑戦 1　どうじゃった？では解答と解説じゃ！

1. 太郎が親しい同僚へ：「私たちの製品についてのあなたの考えを求めたいのです。」

   正解 a. We are seeking your ideas in relation to our products.

   これは非常にフォーマルで目上かあまり知らない相手に使う文書表現です。in relation to を使うことにより，特定の商品について聞くことになります。

ビジネスこぼれ話

巻末に「ビジネスこぼれ話」がついています。まさにグローバルビジネスパーソンの体験談がもとになってます。ビジネスにおける英語コミュニケーション能力を養ってください。

ビジネスの世界では 5W2H が必要です。5W1H の What? Where? When? Who? Why? How? までは出てきますが，あとひとつの H がありますが，ご存知ですか。それは How much です。

索引

索引は日本語と英語のビジネス表現をまとめています。

登場する猫の紹介とストーリー構成

企業名：

Feline Products International (FPI)

会社概要：

株式会社フィーライン・プロダクツ・インターナショナル (FPI: Feline Products International) は，日本の健康関連器具の技術特許を数多く保有する中小企業です。現在，社長も含めて社員は 10 匹ということもあり，全社員が幅広い業務を行っています。今回のストーリーの主人公である猫野太郎も優秀なエンジニアでありながら，開発から販売までを手がけています。FPI 社は，日本を中心に健康促進製品の開発から販売までを手がけており，今後は新製品を中心に海外展開を積極的に進めていこうとしています。現在，エコロジーや健康にも高い関心があるヨーロッパへの進出を，2 年後を目処に進めているところです。

製品構成：

猫関連の自然・健康グッズの販売と特許申請等をします。今回は特に，人工太陽光線 Artificial Sun Ray によって日光浴で体内でビタミン D を作る（(UV-A, UV-B)，ネコのための健康グッズ，たとえば日照時間の少ない北欧に売れる…）製品を開発します。

営業拠点：

現在は国内がメイン，海外は北米を中心に展開中（ロサンゼルス，ニューヨークなど）。

取引先：

American Cat Corp. (ACAT); Fred Fur Co., Ltd.; See Ya Kitty, Inc.

ストーリー設定上の補足情報：

- 新製品名： Next Generation Sun (NGS)
- NGS 開発に向けて設立されたプロジェクトの概要
  - プロジェクト名： Deliver Artificial Sun to the Home Project (DASH)
  - 期間： 1 年間

- 予算：100 万ドル
- 製造コスト：2 万ドル
- コンセプトは，一般家庭向け健康器具市場のため，大きさは軽自動車よりも小さく，消費電力はエアコンなみを，ベンチマークに設定
- アメリカ及び日本での特許は取得済み。他の国は検討中

・市場分析

- 人工太陽光線に関するマーケットは未開拓市場
- アメリカの猫の数は 2 億 5 千万匹
- ヘルスケア業界全体で 1 世帯当り月 3 パーセントの伸び（2010 年まで）を示しており，1995 年度の消費率と比較して 100 倍の伸び率

・販売戦略

- ターゲット市場は海外（アメリカとヨーロッパ）で，現地代理店を通じて販売予定
- 初年度の売り上げ目標 500 万ドル

人物名・年齢・役職	キャラクター
猫野太郎 29 (M) FPIエンジニア 	子供のころから嶋蔵に可愛がられ，経営に関する英才教育を受けた後，上場企業に就職。その後，嶋蔵に直接スカウトされFPI社に入社した。FPI社では，売込み・特許申請からクレーム処理まで全てを担当している優秀なエンジニアであるが，今まであまり海外には行ったことがないため，英語は得意な方ではない。
猫野嶋蔵 55 (M) FPI代表取締役社長 (CEO) 	FPI社を若いころに設立し一代で，世界に通じるグローバル企業に育て上げた凄腕経営者。とくにニッチマーケットを中心とした製品展開で強いシェアを獲得するなど，将来を見据えた経営観に定評がある。現在では，自分の引退後の会社のことを考え，次期経営層の育成に力を入れている。
猫野はじ目 50 (M) FPI業務執行役員 (COO) 	FPI社設立より会社の事務手続きから，会社のオペレーションまでを全て一人で担当するなど，嶋蔵の右腕として会社を支える次期社長候補。FPI社員の間では，社長である嶋蔵よりも数値には細かく厳しいことで有名であるが，その人情味溢れる性格から，社員や社外のお客様や取引先からのファンも多い。
猫野どく太 59 (M) FPI技術研究所所長 	FPI技術研究所長にて，新たな技術開発を担当する傍ら，新製品の開発も担当する博士（フェロー）。会社における滞在期間の長さや，知識と経験の多さより全社員からの信頼も厚く，社長や社員のアドバイスを受けることも数多い。しかしながら，根っからの技術オタクで，商売に関しては無頓着という性格もあり，普段からとても普通のものが考え付かないような研究ばかりを行っている。
三毛野かつ男 34 (M) FPI新製品開発本部長 	FPI社の製品開発から販売を手がけている部署の総責任者。リーダーシップに優れた能力の持ち主であることから，社長からの信頼も厚く，現在は，FPI社の海外展開の要となる新製品の開発を任されている。太郎の良き上司でもある。
海野穴子 32 (F) FPI営業本部長 	小さいときから，親の仕事で海外生活をしており，英語はネイティブなみ。FPI社では，製品の売込みやクレーム処理を担当しており，製品に関する知識や顧客のニーズを掴み取る能力には優れている。過去数年にわたり営業成績がNo. 1という実績を買われて，今年度より営業本部長に昇進した実力者。
虎野ふぐ 46 (F) FPIマーケティング本部長 	外資系企業でマーケティングを担当していたが，本社の方針を日本の市場や顧客を無視して展開する仕事よりも，より現場を中心とした仕事がやりたいと，取引先でもあったFPI社長猫野の夢に共感したことをきっかけに転職を決めた逸材。顧客の心を掴んだプロモーションやキメ細かなカスタマーサービスには定評があり，ディーラーからの信頼も厚い。
猫野缶 42 (M) FPI技術研究所技術主任 	どく太とは大学の先輩と後輩の仲であり，ともに「世の中の猫のためになる発明をする」という夢を共有するなど，どく太のエンジニア精神に共感し，彼に憧れてFPI社への入社を決めた天才。大学時代には，複数の特許を申請した後，大手企業の支援で実際に製品の開発を経験したこともあることから，FPI社では技術者と営業を説得できる唯一の人材。どく太とは，性格がまったく異なるが，社員の誰もが認める良き上司と部下の関係でもある。

人物名・年齢・役職	キャラクター
猫仁小判 29 (M) FPI技術研究所 	「まさ」とは双子の兄弟の兄。まさの兄でありながら，小柄でやせており，見た目からはとてもエンジニアとは思えないようなジェントルマン。頑固で自己主張が強い猫が多い研究所で，唯一各メンバーの意見をきちんと聞き，取りまとめて結論を導くリーダー的存在。
猫仁まさ 29 (M) FPI 技術研究所 	「小判」とは双子の兄弟の弟。大柄な体形からは想像もつかないくらい，仕事に関しては細かく緻密な作業をすることから，技術主任からも高い評価を得ている。性格的には常に前向きで，どんな苦難にあおうとも最後までやり遂げるまじめな性格の持ち主。
マイケル　ミアオ 55 (M) (ACAT) 代表 取締役社長 	猫に関する健康製品の訪問販売を得意としている会社の社長で，カルフォルニアの高所得世帯地域を中心に売り上げを伸ばしている。自分自身が健康オタクであることから，常に新しい製品を試した後，本当に自分が惚れ込んだ製品しか扱わないというポリシーを貫いている。
アラン　ミアオ 41 (M) (ACAT) 営業本部長 （ビバリーヒルズ） 	もとはマイケルの優良顧客であったが，社長であるマイケルの性格にほれこみ，自分自身がACATの製品を通じて健康になった体験を一匹でも多くの猫に体験してもらいたいと考え，数年前にACATのメンバーとして参画。アランの実体験をもとにしたセールストークは，顧客にもわかりやすいと定評で，その評判とともに売り上げを伸ばし，現在ではACATでも売り上げNo.1のビバリーヒルズ店の本部長を勤めるまでになった。
ダイアナ　ミアオ 34 (F) (ACAT) 営業 （ビバリーヒルズ） 	営業本部長のアランの下でビバリーヒルズ地域を担当する営業担当者。ビバリーヒルズ地域でも，とくに若い世代のキャリアウーマンを担当している。
トム　ミアオ 31 (M) (ACAT) 営業 （シカゴ） 	ACATでは比較的短い営業経験の持ち主でありながら，その実力をアランに認められてシカゴを担当するまでに成長した実力者。
フレッド　ファー 41 (M) 代理店社長 	アメリカの西海岸を中心にLOHAS関連の総合サービスを展開するナチュラルキャットスタイル提案会社の社長。顧客の中でも自然食品や運動や薬に頼らないパーソナルケアに興味を持つ顧客を中心に，健康的な猫のライフスタイルを提案しながら，健康器具や健康食品の販売を検討中。
ゲリー　グラウル 38 (M) 代理店社長 	もとはシリコンバレーのベンチャー企業を経営する企業家であったが，数年前のITブーム中に体を壊し第一線より退き，その時に出会った猫のための健康促進器具の体験をきっかけに，ネットを通じた猫のための健康器具の通信販売会社を設立。低コストを武器に大手企業も無視できないほどに，ネット販売での売り上げを拡大中。現在は，さらに売り上げの向上を目指して，取り扱い製品の拡大を模索中。
ハリエット　ヒス 35 (F) お客様 	カルフォルニアに小さいときから住む明るくやさしい二児の母親。最近では，少し毛の調子が悪く色々な化粧品を試すが効果がなく，夫に自分が綺麗でいることの重要性を数ヶ月にわたって語り，ようやく先日FPIの新製品を購入した。

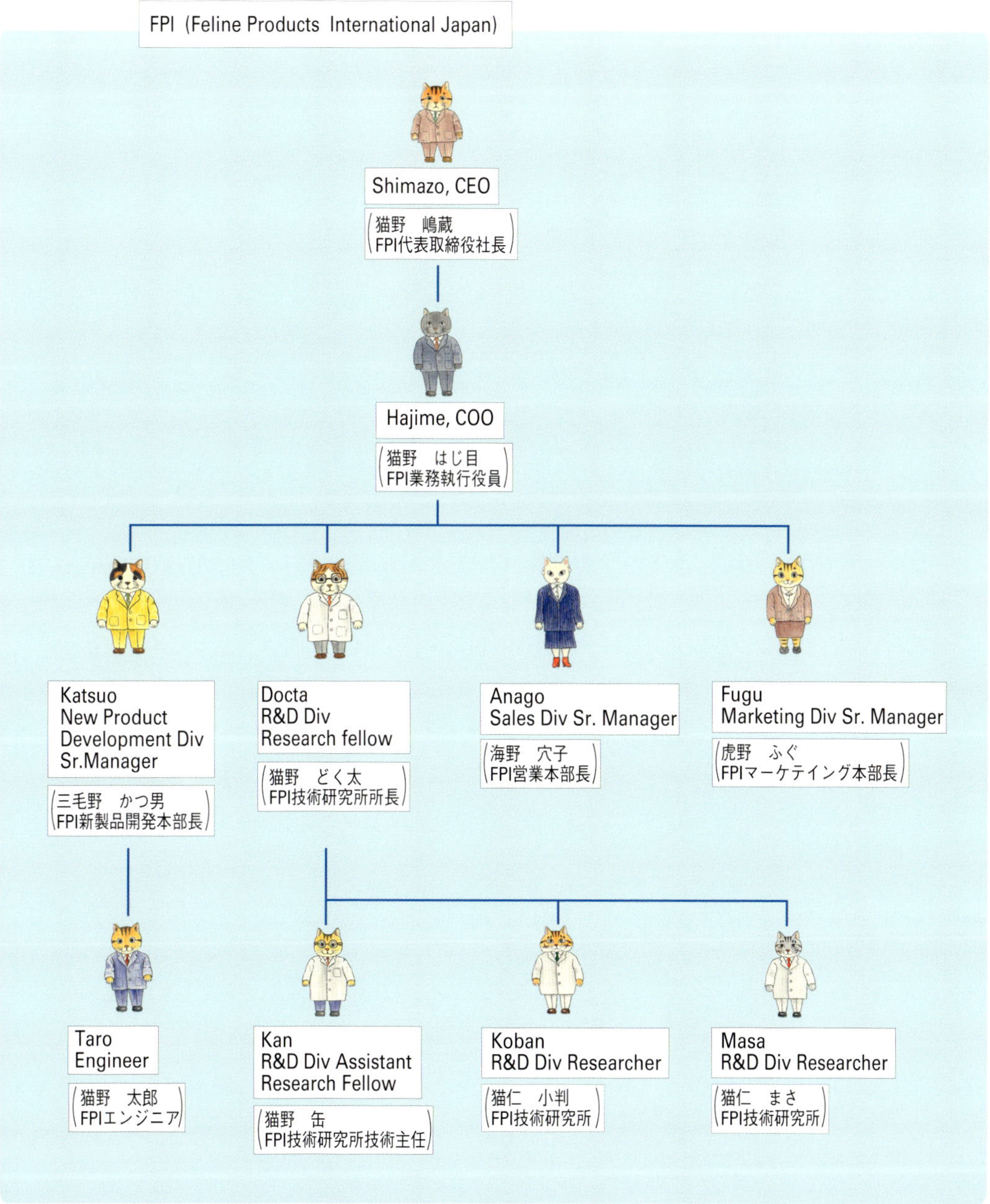
FPI (Feline Products International Japan)
Shimazo, CEO
（猫野　嶋蔵
FPI代表取締役社長）
Hajime, COO
（猫野　はじ目
FPI業務執行役員）
Katsuo
New Product
Development Div
Sr.Manager
（三毛野　かつ男
FPI新製品開発本部長）
Docta
R&D Div
Research fellow
（猫野　どく太
FPI技術研究所所長）
Anago
Sales Div Sr. Manager
（海野　穴子
FPI営業本部長）
Fugu
Marketing Div Sr. Manager
（虎野　ふぐ
FPIマーケティング本部長）
Taro
Engineer
（猫野　太郎
FPIエンジニア）
Kan
R&D Div Assistant
Research Fellow
（猫野　缶
FPI技術研究所技術主任）
Koban
R&D Div Researcher
（猫仁　小判
FPI技術研究所）
Masa
R&D Div Researcher
（猫仁　まさ
FPI技術研究所）

Customer

Harriet Hiss

（ハリエット　ヒス お客様）

Reseller@USA

American Cat Corp. (ACAT)

Michal Meow

（マイケル　ミアオ
代表取締役社長）

ACAT: Chicago

Tom Meow
Sales Div Staff

（トム　ミアオ
シカゴ担当営業）

ACAT: Beverly Hills

Alan Meow
Sales Div Sr. Manager

（アラン　ミアオ
ビバリーヒルズ担当営業本部長）

Diana Meow
Sales Div Staff

（ダイアナ　ミアオ
ビバリーヒルズ担当営業）

Fred Fur Co., Ltd.

Fred Fur

（フレッド　ファー 代理店社長）

See Ya Kitty, Inc.

Gary Growl

（ゲリー　グラウル 代理店社長）

目　次

Business Cats

Chapter 1: Preparing for a New Project
新規プロジェクトの準備

ミッション

おはよう，太郎君。今回の君の任務は，停滞しているFeline Products International（以下FPI）の業績促進のため，わがFPI社のセールス増加の起爆剤となる新製品開発のアドバイスを，技術研究所所長の猫野どく太氏から上手に聞き出し，新製品を完成させることにある。どく太氏はFPIの開発顧問で君とはすでに気心の知れた仲じゃ。堅苦しい言い回しなどに時間と労力を使わず，単刀直入に必要な情報を得るようにするのじゃ。ビジネスの基本はいかに上手にアドバイスを受けるかにかかっている。もちろん，食いしん坊のどく太氏を食べ物でつる手もあるが，君も一人前の会社員，ビジネスのテクニックを使って任務を遂行するのじゃ！行け太郎君。なお，年寄りはすぐ長話に走る。上手に聞きださんと，いたずらに時間を食うだけじゃ。気をつけるようにな。

ポイント:

- FPI の現在おかれている経営状況及び市場環境状況を解説する。(国内での売り上げが横ばい)。
- 会社の経営戦略や，どく太の持っている新製品のアイデア（ビタミン D 生成のための人工太陽）を上手に聞き出す。
- どく太のアイデアを新製品開発につなげるために必要となる技術的なアドバイスを受ける。
- どく太のアイデアを，社内の正式なプロジェクトとして立ち上げるために，必要な準備作業をどく太より聞き出す。
- 来週月曜日の社内ミーティングまでに必要データをそろえ，次のステップへ進むところまで話を進める。

登場する猫

FPI エンジニア：
猫野太郎
(Taro Nekono)

FPI 技術研究所所長：
猫野どく太
(Docta Nekono)

Chapter 1: Preparing for a New Project

Chapter 1

Taro: Hi Doc![1] ***The CEO told me to***[2] plan a special project to expand our business abroad, focusing on the American and European markets. The project will be for one year, during which time he is seeking to gain a competitive edge[3] and a solid return[4] which will boost revenue[5] by a minimum of $5M. To achieve this goal, he wants ideas on new products which will attract consumers[6] abroad. ***Do you have any good ideas?***[7]

Doc: Hmm...***actually, I do*** have some ideas. I've been thinking about[8] creating an indoor artificial sun machine. As you know,[9] cats need exposure to the sun to produce vitamin D for good-looking fur and a healthy body.

---

1 “Hi!” は「やあ」という意味で “Hello!” よりも略式で主にアメリカで用いられます。この場合，太郎はどく太に対して非常に親しみのある声のかけ方をしています。社内で役職に応じて英語でも呼び方を変えています。日本のように役職名で人を呼ぶ習慣はありません。

2 英語表現としては “The CEO told me to plan a special project.” といった能動態を使うことが多いです。しかし，太郎のように日本人は「社長が私に言った」というよりも，「私が社長に言われた」(I was told by...) という受動態を使いがちです。また，アメリカでは “CEO” よりは名前で呼ぶ場合が多いです。

3 この “...to gain a competitive edge” を，日本人は “...to get (gain) an advantage” と使う傾向が強いです。

4 この場合の “return” は “increase” とか “income” とは使いません。

5 “boost revenue” は日本人は “increase profit” と言ってしまうことが多いので注意が必要です。

6 日本人は “attract consumers” よりも “get customers” を使用することが多いです。また，“consumers” (消費者)は “customers” (カスタマー，顧客)としばしば同義語として使用しますが，customer は一般消費者に加え法人需要家 business customer も含むので consumer よりも語義が広いです。

7 物事のありさまを頭に描くイメージでの「考え」が idea であり，concept は専門性の考えについて言う時に使用し，opinion は判断して生まれるまとまった考えを言います。

8 “I've been thinking about” の部分は英語らしい表現で，対話者に同意を求めながら話を進める日本人は “How about...?” や “What about...?” を一般には使用する傾向があります。

9 この “As you know...” は対話者に同意を求める表現ですが，日本人は “Don't you think...?” や “For example...” を使用して話を展開していくことが多いです。

Taro: Wow! ***That sounds interesting!*** [10] A product that can provide[11] indoor artificial sunlight should attract busy consumers[12] who don't have enough time to lie out in the sun. It would be especially great for cats in places like Northern Europe where there is not much sunlight during certain times of the year. This sounds like a great business opportunity![13] The primary target[14] would be general consumers. ***This means the product has to be affordable***[15] ***and easy to use***. ***Tell me more!***

Doc: ***Well, we would be the first*** company to market a product like this. ***No other company has been able to*** successfully commercialize this idea. But after much research[16], I have been able to create a prototype for creating artificial sunlight. The prototype works fantastically.[17] Look at me![18] Don't you think I look much younger now — like I'm still in my 30's?

---

10 指示代名詞 "That" が補語（形容詞）を伴って sound「…のように思われる」という言い方をする極めて英語らしい表現です。

11 "provide sunlight" は "give sunlight" と日本人ならば表現するでしょう。

12 "consumers" と "customers" は注 6 を参照のこと。

13 日本語では「ビジネスチャンス」という意味ですが business chance とは言いません。

14 "the primary target" は "the main target" や "the most important target" と日本人は言う傾向があります。

15 "affordable" は「ちょっと背伸びすれば手にできる，どうにか…できる」という意味で他にも "reasonably priced" とも言えますが affordable のほうが一般的です。"cheap"は使用しません。

16 ビジネスの世界では調査の意味では "investigation" ではなく "research" を使います。

17 "The prototype works fantastically." は日本人ならば "The prototype works great (beautifully)." と表現することが多いです。

18 オフィシャルなビジネス文書，メール，手紙等では通常感嘆詞は使われません。

Taro: You're right, Doc, all your wrinkles are gone! So ***what are the specs***[19] ***and the cost of the prototype?***

Doc: ***That's the drawback.***[20] The current prototype measures 20 square meters and weighs one ton. The power consumption[21] is 1,000 KW per sec. The cost is around $1 M, but I think we can probably make it for a lot less.

Taro: That certainly is too big and costly![22] The machine should be no bigger than[23] a treadmill or other exercise equipment, and the power consumption needs to be between 100V-220V. And it shouldn't cost more $10 K.

Doc: The specs can be adjusted. ***The biggest issue is***[24] the cost[25] of the parts. But with some work, I think it'll be possible to bring the prototype cost down to less than $10K.

---

19 "specs" は "specifications" の略語でビジネスの世界では製品の性能を解説する際によく使われます。

20 "drawback" や "downside" ではなく，日本人ならば "problem" や "issue" という単語を使用する傾向が強いです。

21 電気製品の分野でよく使われる言葉で "power consumption" で電気消費量という意味になります。

22 "costly" は「金が要る」とか「犠牲が大きい」という意味ですが，日本人は "expensive" という単語を使う可能性があります。

23 このトピックでは装置のサイズを話しているので "no bigger than..." が適当ですが，日本人はサイズの大きさである "no larger than..." を使用することが多いです。

24 "biggest issue" は多くの日本人が "biggest problem" と言ってしまうが，problem は（困った）問題で，これが議論の場に出されると issue（討論すべき）問題になります。

25 "cost" と "expense" の違いが言えますか。日本語でどちらでも「費用」と訳せますが，expense は経費として，税金の計算時に控除が可能な場合に，cost は単に何かの対象物，活動に対する「かかる額」を指すことが多いです。

Taro: Great! ***This is*** really ***exciting***. With this idea we can get started on a new product development project.[26] Hey, I have an idea! Let's call it, "Deliver Artificial Sun to the Home or DASH"! I'll prepare the project plans with the specific scope,[27] resources (work breakdown structure: WBS),[28] and rough schedule by next Monday. Then we can set up weekly meetings to review the project plan. ***Could you prepare***[29] the rough costs,[30] specifications, and the terms for commercializing the product ***by next Monday?***[31] We need to have a temporary name for the product, too. What about "Next Generation Sun, or NGS"?

---

26 "get started on a new product development project" は日本人ならば "start a new project" と言ってしまいがちですが，より詳細な表現をしたほうがわかりやすいでしょう。

27 プロジェクトを始めるにあたり project plan と specific scope の定義は非常に重要です。プロジェクトを円滑に運営するためには project manager が WBS (work breakdown structure) をきちんと決め，それぞれのタスクに対し文章で仕事の内容範囲 (scope) を決めておく必要があり，これが出来ていないとプロジェクトはうまくいかない場合が多いです。

28 "NGS" や "WBS" は頭字語と言われビジネスだけではなく英語では非常に多く使用されます。これらは特定の領域あるいは仕事の現場のみしか通用しないなど一般的な知識ではできないものもしばしば含みます。しかし，この頭字語にこだわりを持つ人が意外に多く，この頭字語を決めるのに数日かかることもあります。

29 "Could you prepare..." は "Could you prepare an estimation of..."と言ってしまいがちですので注意してください。

30 ビジネスの世界でプロジェクトを進めるにあたり，project plan をきちんと決め，上層部から OK (approval) を取ることは必須ですが，単に OK を取るだけではプロジェクトは進みません。きちんとした plan，cost，target，income，schedule を先に見積もり，それに合わせて人，物，金を準備することが重要です。

31 ビジネスの世界では 5W1H が常に必要ですが，メールなどでは「次の会議で話しましょう」などと 5W1H が決まっていないことも多く見られます（詳細は巻末のビジネスこぼれ話を参照のこと）。

Doc: ***Sounds good to me***. ***I'll have the information you need by*** next Monday's meeting. ***As for the name***[32], ***I'll leave that up to you***. Umm, all this planning has made me hungry. ***Do you want to grab a bite***[33] ***and discuss this further?***

32 "As for the name..." は "About the name..." と日本人は言ってしまうことが多いです。

33 "grab a bite" で,「何か軽くつまむ」という意味です。"grab a bite to eat" より若干ですが口語的な使い方です。

Chapter 1: 新規プロジェクトの準備

太郎:「やぁドク[1]！ CEO が僕を海外進出特別プロジェクトを計画する担当に任命したんだ[2]！これは欧米市場を狙う海外市場開拓のための販売戦略の中心となるプロジェクトなんだ。このプロジェクトに 1 年間かけて，CEO は確実に競争力[3]の強化と収益[4]を最低でも 500 万ドルあげよう[5]としている。この目標を達成するために，彼は海外の消費者[6]を惹きつける新製品のアイデアを探しているんだ。ドクはなにか良いアイデアがあるかい[7]。」

どく太:「ふむ…実はいいアイデアがあるんだ。私は室内で日光を発生させる機械を作るという素晴らしいアイデアについて考えていたところなんだ。[8] 知ってのとおり，[9] 猫は健康的な毛並みを保つビタミン D を作り出すために日光を浴びる必要がある。」

太郎:「それはとても興味深いね。[10] 室内で日光を提供[11]できる製品があれば，外出する充分な時間のない多忙な消費者[12]を惹きつられるだろうね。特に日照時間の短い北欧地域の人とか。これはすごいビジネスチャンス[13]だよ！主なターゲットは一般消費者[14]になるかな。だからこの製品を一般消費者にも手に入れやすく，[15] 簡単に使えるようにする必要がある。もう少し聞かせてくれないかな。」

どく太:「我々は今回のような製品を市場に送り出した最初の企業になるだろう。今までのところ，どのような企業もこのアイデアをうまく実用化できていない。しかし，長い研究[16]の後，私は幸運にも人工日光の良い試作品を造ることができた。試作品は素晴らしい[17]結果を出したんだよ。私の肌を見てくれ[18]！若く見えると思わないかね。30 代の頃のように！」

太郎:「確かにドク，シワがなくなったよ !! ちなみに試作品のスペック[19]とコストはどれくらいなんだい。」

どく太:「それが問題[20]なんだ！最新の試作品は20平方メートル，重さは1トン。消費電力[21]は1000kw（キロワット）／秒だ。コストはおおよそ100万ドル。だがおそらく，かなりコスト削減ができると私は思っている。」

太郎:「確かに大きすぎるし高価[22]だね。普通の消費者にとっては問題外だと思う。サイズはジョギングマシーンかダイエット器具くらい，消費電力は110－220V（ボルト）ぐらい，コストも1万ドルを超えるべきじゃない[23]ね。」

どく太:「このスペックは改良出来る。最も大きな問題は[24]部品のコストだ。だが努力によってコスト[25]は1万ドル以下で作れると思っている。」

太郎:「すばらしい！！わくわくするね。今回のアイデアで新製品開発のためのプロジェクト[26]がスタートできるよ。プロジェクト名は「家庭用人工太陽デリバリー」にしよう！僕のほうで，プロジェクトに必要な範囲設定[27]と作業工程[28]を含めた大まかなプロジェクトプランを次の月曜までに作っておくよ。そして，毎週のミーティングを設けてプロジェクト計画をレビューしよう！ドクは次の月曜日までに[31]製品を商品化するためのおおよそのコスト[30]，仕様書，期間を準備してくれないかい。[29]我々で製品の仮の名前を決める必要があるね。『次世代太陽 (NGS)』なんてどうだい。」

どく太:「私はいいと思うよ。私は次の月曜の会議までに情報を準備するよ。製品名[32]はきみにお任せするよ。ところで，今回の計画のせいでお腹が減ったな。軽く飯でも食べながら[33]議論の続きをしないかい。」

太郎と確認するビジネス英語表現

ポイント①

To achieve this goal, he wants ideas on new products which will attract consumers abroad. Do you have any good ideas?
（この目標を達成するために，彼は海外の消費者を惹きつける新製品のアイデアを探しているんだ。なにか良いアイデアがあるかい。）

Chapter 1の目的は，太郎がどく太に新製品についてのアドバイスを請うというものです。一般的な導入の流れは，状況説明（理由）→アドバイス要求となります。状況説明の1例として，To achieve this goal, he wants (we want, I want) ideas on ～という表現を知っておきましょう。要求の目的をさらにはっきりさせるために，Do you have any good ideas? がよく使われるので，このまま覚えましょう。

ポイント②

"Wow! That sounds interesting!" "This sounds like a great business opportunity!" "So what are the specs and the cost of the prototype?"
（「それはとても興味深いね。」「これはすごいビジネスチャンスだ！」「試作品のスペックとコストはどれくらいなんだい。」）

アドバイスを受けるにあたって相手の提案したアイデアに興味や関心を示すことはとても重要です。"That sounds interesting!" や "This sounds like a great business opportunity." といったポジティブなコメントや意見を与えることで，発案者はより多くの情報を提供してくれるでしょう。さらに商品化の可能性を探るうえで欠かせない仕様や費用についての具体的な質問も忘れないようにしましょう。

ポイント③

Would you prepare the rough costs, specifications, and the terms for commercializing the product by next Monday?
（次の月曜日までに製品を商品化するためのおおよそのコスト，仕様書，期間を準備して頂けますか。）

アドバイスを受ける会話の終結部として，次回までにお願いすることを相手に伝える必要があります。ここでは依頼表現として，Would you prepare ～ by next ...?という表現をマスターしましょう。～の箇所に入る部分の依頼項目といつまでにお願いするかという期限をしっかりと特定化することがとても大事です。

どく太に挑戦 ①

挑戦 1 ポイントは分かったかのぅ？ 次の日本文に合う最適な英文を選ぶのじゃ。その理由も考えられるかな？

1. 太郎が親しい同僚へ：「私たちの製品についてのあなたの考えを求めたいのです。」
   a. We are seeking your ideas in relation to our products.
   b. Got any ideas for our products?
   c. We'd like to have your ideas for our products.

2. 太郎が親しい同僚へ：「どうしたらこの商品をより魅力的なものにできますか。」
   a. What can be done to make this product more appealing?
   b. What can we do to make this product more appealing?
   c. How can this product be made more appealing?

3. 太郎が親しい同僚へ：「その具体的な提案を来週の月曜までに準備して頂けますか。」
   a. Could I ask you to prepare a concrete proposal by next Monday?
   b. Would you please prepare a concrete proposal by next Monday?
   c. Do you think you can get a concrete proposal ready by next Monday?

挑戦 2 では，次の問題じゃ。次の日本文に合う最適な単語を選ぶのじゃ。その理由もつけてな。太郎が会議中に使う表現として考えてみてくれ。

1. 私たちの新しい計画へのあなたのお考えを求めたいのです。
   I would like your [a. thought b. ideas c. thinking] on our new project.

2. どうしたら私たちはこの目標をより達成できますか。
   How [a. can b. do c. will] we make sure we achieve our target goals?

3. 来週の水曜までに大まかな見積もりを準備して頂けますか。
   [a. Could b. Can c. Do] you prepare the cost estimates by Wednesday next week?

どく太の解答と解説 ①

挑戦 1 どうじゃった？では解答と解説じゃ！

1. 正解 b

太郎が親しい同僚へ：「私たちの製品についてのあなたの考えを求めたいのです。」

a. We are seeking your ideas in relation to our products.

これは非常にフォーマルで目上かあまり知らない相手に使う文書表現です。in relation to を使うことにより，特定の商品について聞くことになります。

b. Got any ideas for our products?

これが正解。親しい同僚や友達に使用する口語表現です。for を使用すると，“新商品” のアイデアを求めることになります。

c. We'd like to have your ideas for our products.

かしこまった表現です。新しい同僚に使うにはやや丁寧度が高く，we'd を we would に書きかえると文書表現として使用できます。

2. 正解 b

太郎が親しい同僚へ：「どうしたらこの商品をより魅力的なものにできますか。」

a. What can be done to make this product more appealing?

幅広く使用できますが，動詞が受動態なので文書表現的です。会議でも使用できます。

b. What can we do to make this product more appealing?

これが正解です。親しい同僚，友達に口語表現として使用するときの can の発音は「kn」に近いものです。

c. How can this product be made more appealing?

幅広く使用できますが動詞が受動態なので文書表現的です。会議でも使用できます。

3. 正解 c

太郎が親しい同僚へ：「その具体的な提案を来週の月曜までに準備して頂けますか。」

a. Could I ask you to prepare a concrete proposal by next Monday?

フォーマルな口語表現で部下に命令している感じがします。もっと直接的には Please have a concrete proposal ready by next Monday. という表現が可能です。

b. Would you please prepare a concrete proposal by next Monday?

幅広く使用できる表現ですが，同僚に関しては少し丁寧度が高いです。

c. Do you think you can get the concrete proposal ready by Monday next week?

正解です。親しい同僚であっても敬意を示すために do you think を入れる必要があります。

挑戦 2 では解答と解説じゃ。

1. 正解 b

> 私たちの新しい計画へのあなたのお考えを求めたいのです。
> I would like your [a. thought b. ideas c. thinking] on our new project.

正解は b です。thought や thinking は考えるプロセスを示し，ここでは，プロセスではなく具体的な考えを求めているので，idea を使います。

2. 正解 a

> どうしたら私たちはこの目標をより達成できますか。
> How [a. can b. do c. will] we make sure we achieve our target goals?

正解は a です。do の場合には少し困ったときの表現で，解決策が見当たらないので，「どうすればいい。」というニュアンスになります。will は決断的な態度を示すので，ただ聞きたい場合には can を使うのが正しい選択です。

3. 正解 a

> 来週の水曜までに大まかな見積もりを準備して頂けますか。
> [a. Could b. Can c. Do] you prepare the cost estimates by next week Wednesday?

正解は a です。could と can は可能性を聞いていますが，could の方が丁寧です。do では単純な疑問文になってしまいます。

Chapter 2: Planning the Project—Project Mission Proclamation

プロジェクト計画の策定

ミッション

おはよう太郎君。今回の君の任務は，プロジェクトプランの策定と上司の承認を取ることにある。何事にも，しっかりとしたプランがないと成功はない。これは借金をするのと同じじゃ！「お金」の使い方と「プロジェクト」は何事も計画が肝心じゃからの!

NGS（Next Generation Sun）製作・販売には，他部署の協力が不可欠じゃ！プロジェクトを成功させるには「猫」,「物」,「金」といって，必要な人材ならぬ猫材の配備，開発にかかる装置・道具，そして何よりも予算を勝ち取らなくてはいけない。猫は寝るのが大好きな怠け者じゃ。猫心をしっかりとひきつけるプロジェクトを作らんと一緒になって働いてはくれん。きちんとしたビジョン，ミッション，ゴールを設定し，ほかの社員の猫心をくすぐるプロジェクトプランを作るのじゃ！まずは自分の上司を説得し，そこから会社の一大プロジェクトへと話を進められるようにするのじゃ。

ポイント:

- プロジェクト名「DASH」のミッションとそのゴールを，上司であるかつ男の協力のもと決定する。

- 新製品のコンセプト，予算，課題や問題点（消費電力，コスト，サイズ）について説明をおこなう，プロジェクトに必要不可欠な人材やリソースについて協力を求め，他のチームメンバーや会社の CEO を説得するために必要な最終プランの策定に向けた許可を得る。

登場する猫

FPI エンジニア：
猫野太郎
(Taro Nekono)

FPI 新製品開発本部長：
三毛野かつ男
（Katsuo Mikeno）

Chapter 2: Planning the Project—Project Mission Proclamation[1]

Chapter 2

Taro: Hi, Katsuo, ***thank you for coming today***. Doc and I ***have been working on a great idea for***[2] a new FPI product. It's an indoor artificial sunlight machine which will enable users to produce vitamin D to maintain beautiful fur without having to go outside. It will be targeted for home use in the North American and European markets, since ***at present*** the product is too big for the average Japanese home. We've named the project DASH, for "Deliver Artificial Sun to the Home."

Katsuo: Mmm...An indoor sunlight machine to produce Vitamin D for beautiful fur. How innovative! ***I don't think any of our competitors***[3] ***have come with up this yet***. ***Tell me more***[4]***!***

Taro: ***I knew you'd be interested in DASH***.[5] We are calling the product NGS, which is an acronym[6] for Next Generation Sun. Doc has already developed a prototype which can produce natural sun rays indoors. We have been testing it over the last few weeks. Look at my fur. Don't you think it looks beautiful?

---

1 proclamation（宣言）は公的な宣言という意味でよく使用されます。このケースでは，会議が部署レベルですから，announcement のほうが適当な場合もあります。

2 "great idea", "awesome concept"といった誇張表現はアメリカのビジネスシーンではよく使われます。特に日本人同士の会話で自分自身の考えを目上の人に言う時に控えめで謙虚な表現をするのと比べるととても面白いです。

3 ビジネスの世界では，日本語での「ライバル会社」といわずに competitor（競合）を使います。

4 "Tell me more."はお互いに興味を持ち，積極的に話を進めるときに使います。この表現から，かつ男がこのプロジェクトに興味を持ち，彼がボスをどうすれば説得できるのかを太郎と一緒に考えていこうという積極的な様子が伺えます。

5 かつ男が興味を示していることを確認しています。

6 abbreviation（略語）と acronym（頭字語）の違いについて覚えておきましょう。FBI, WHO はもちろん ASAP も頭字語です。

Katsuo: ***Now that you mention it***, yeah, you do look a bit different...healthier.

Taro: Thanks.[7] As you can see[8] from the slides, ***we still have issues to resolve***, such as the size—the machine measures about 20 square meters; energy consumption level—it comes to 500 KW per sec; and the cost—it's about a quarter of a million dollars.

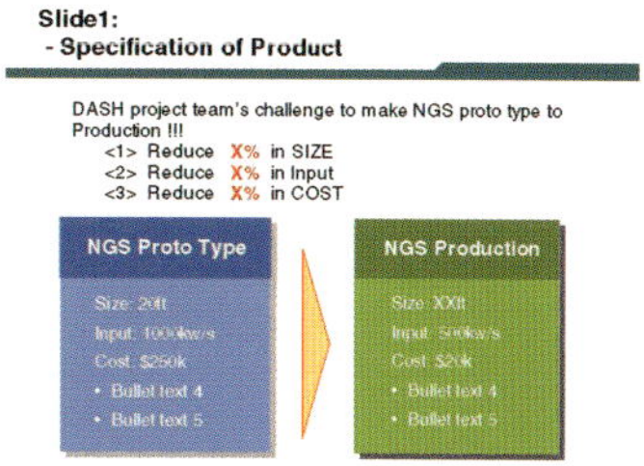

Katsuo: Wow!

Taro: But we are confident that NGS can be made much smaller, the energy consumption reduced, and the price brought down to approximately[9] $20K, or the average cost of a new car.

Katsuo: ***Hmm!***[10]

---

7 このケースだけでなくアメリカ英語では儀礼的な挨拶を容易に使います。日本人が控えめな表現をするのと対照的です。

8 プレゼンでよく使う言葉の一つ。"In the next slide, I would like to discuss ...." 等，つなぎ言葉を覚えておくとスムーズなプレゼンが行えます。

9 日本語で「約 xx」というと about がポピュラーですが，"approximately" のほうがよりフォーマルです。プレゼンテーションで一つの言葉を何度も繰り返して使うと，ボキャブラリーの無さが目立ってしまうので，"a little over xx" 等，異なった言い方を混ぜながら進めると，よりビジネスシーンに即したプロフェッショナルなプレゼンテーションに聞こえます。ただし，日本人が英語を話す場合，普通の人が使わないような難しい単語を使って聞き手を悩ます場合が多いのです。出来るだけ簡単で誰にでもわかる言葉を幾つか覚えて使うようにすることが必要です。たとえばプレゼンテーションでインパクトを与えたいあまり(big word)（大げさな言葉）を連発したり，"supercalifragilisticexpialidocious" という聞いたことも無いような単語をプレゼンテーションに使ったところで，聞き手は恐らく何を言っているかわからなくなってしまいます。ちなみに前述の長～い単語は，英語で最も長い単語として子供が使う言葉です。やはり，日本語の会話と一緒で，使い慣れた簡単な言葉に噛み砕いて話すことが重要です。

10 "Hmm!" というあいずちは太郎に対してプレゼンテーションのスライドを出すように促しています。

Taro: ***<u>Have a look at</u>*** the next slides. ***<u>To develop the prototype into a marketable product</u>***, we are seeking a one-year project term,[11] at least three dedicated technical developers, and a one-million-dollar R&D budget[12]. The target market for the product will be North America using our U.S. retailer[13] partnerships.

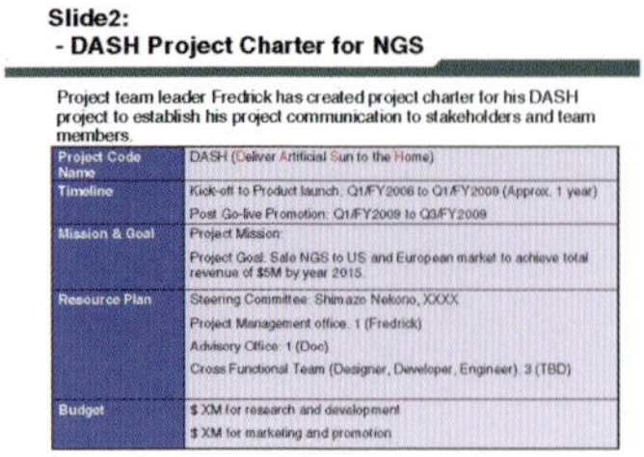

Slide2:
- DASH Project Charter for NGS

Project team leader Fredrick has created project charter for his DASH project to establish his project communication to stakeholders and team members.

Project Code Name	DASH (Deliver Artificial Sun to the Home)
Timeline	Kick-off to Product launch: Q1/FY2008 to Q1/FY2009 (Approx. 1 year) Post Go-live Promotion: Q1/FY2009 to Q3/FY2009
Mission & Goal	Project Mission: Project Goal: Sale NGS to US and European market to achieve total revenue of $5M by year 2015.
Resource Plan	Steering Committee: Shimazo Nekono, XXXX Project Management office: 1 (Fredrick) Advisory Office: 1 (Doc) Cross Functional Team (Designer, Developer, Engineer): 3 (TBD)
Budget	$ XM for research and development $ XM for marketing and promotion

Katsuo: One year, three developers, and $1M. ***<u>That's quite a project</u>***. ***<u>What kind of</u>*** ROI (Return on Investment)[14] ***<u>are we talking about</u>?***

---

11 プロジェクトを始めるにあたり，その期間（term），目標（objective），目的（purpose），プロジェクトの範囲（scope）を明確に決めておく必要があります。これらを元に，さまざまなルールが決められ，プロジェクトが推進されていきます。ルールがしっかり決まっていないと末端のメンバーは何をやってよいのかわからなくなり，プロジェクトが失敗に終わってしまうことが多いので注意が必要です。また，いくらでも予算を使って良いというプロジェクトはおよそ存在しません。プロジェクトには独自性と有期性（期限）がある事が最低条件で，これに加えてお金，人の工面が必要です。

12 人とお金の見積もりは本当に難しいものです。予算を多めに見積もるとプロジェクトが却下されることもあり，逆に少なめに見積もるとリソース不足から，後でつらい仕事が自分に帰ってくることも多いでしょう。周囲が納得できる予算計画をたてることは非常に大切なスキルです。日頃から旅行，パーティー等を企画する際は，トータルの費用，参加人数，必要なもの等を事前に算出する練習をしておくと良いでしょう。

13 日本語で言う“販売代理店”は，アメリカのビジネスシーンでよく使われる言葉ですので，覚えておくとよいでしょう。

14 ROI はビジネスで非常に良く使われる言葉です。ビジネスである以上，何かを投資（investment）しないと，プロジェクトがビジネスではなく，単なる慈善事業となってしまいます。“損して，その見返りがない得をとる”という諺がありますが，一般のビジネスの世界では ROI が出ないものなどプロジェクトとしては認められないこともあります。常に ROI を考えながら仕事をしてこそ，本当のビジネスプロフェッショナルといえるでしょう。

Taro: ***As you can see from*** this slide, ***we are aiming for*** a minimum of $5M in revenue, based on the assumption that the product will cost $20K. The figures were calculated considering the number of households in North America. With a population of nearly 300M, the number of households should be over 40M. As the product is aimed at those with a three-bedroom home, the estimated number of target consumers is about 4M. Our assumption is that at least 6.25% of all homeowners would be interested in this product, which would mean sales of 250K. Since the retail price is $20K per NGS, we are projecting sales revenues of about $5M. ***However, this is just a rough estimate***. Since this is a brand new invention, we should be able to monopolize[15] the market. The sales potential could be immeasurable.

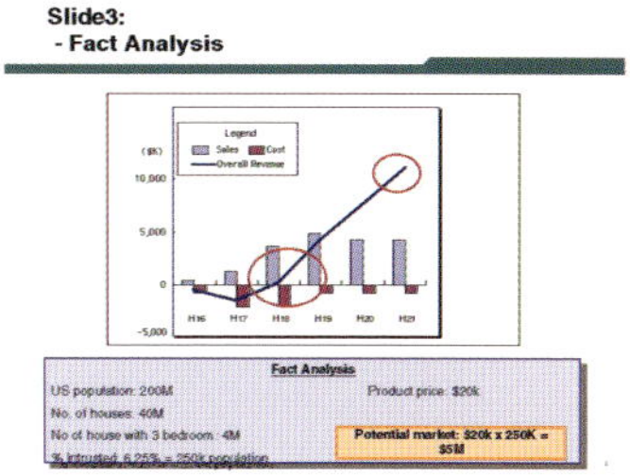

Katsuo: Hmmm...quite convincing. But $1M R&D is quite a lot for FPI. We'll need to have a concrete plan in order to convince the other teams—a clear vision, concrete mission statement, and definite goals[16].

---

15 社内にて "monopolize" という言葉を使うのは良いですが，社外文書や Web に "monopolize" や "dominate" といった言葉を使うことは避ける必要があります。公式文書にこれらの単語を入れると，日本で言う "独占禁止法" 等の法律に抵触する場合もあり，何らかのペナルティを受けたり，アメリカでは裁判沙汰になる事もあります。社外向けには "be a market leader" といった書き方をします。

16 プロジェクトだけでなく，会社の運営をする上でも，明確な vision, mission, goal が必要です。会社の運営目的や仕事の区切りが決まっていないと，糸の切れた凧のように人は思い思いの方向へ進んでしまいます。会社全体として，まとまりがなくなってしまい生産性が落ちてしまうことも多いでしょう。しっかりとした vision, mission そして goal を打ち出すことは非常に重要です。

Taro: ***That's what we have*** on the next slide.[17] These are our vision, mission, and goals for the project. The Gantt chart[18] shows the WBS[19] (Work Breakdown Structure) of the project to define and organize its total scope. As you can see, all required work scopes and resources are in the hierarchical tree structure. The project term and cost were estimated based on the WBS. As tentative DASH team members, I have selected Doc, Anago, Fugu, and Kan. I'll serve as the project manager. If you approve of the project, ***I'll need your advice on preparing*** a more detailed development plan.

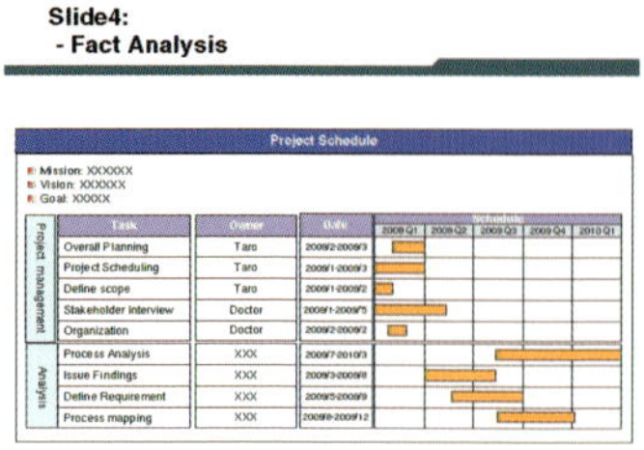

17 日本人のプレゼンテーションスライドは，読み手がそのスピーチを聞いていなくても，後でその資料を見れば全てがわかるように，まるで辞書のように細かい文字がたくさん使われているものが多いと思います。これに対し，アメリカ人のプレゼンテーション資料はインパクトのある言葉を必要最小限にとどめた非常にシンプルなものが多く，スライドはグラフ等の見た人にわかりやすいものを入れてスピーチをメインに補助的に活用されています。極端な例としては，某有名コンピュータのCEO（Chief Executive Officer: 会社の最高経営責任者）のスライドはたった一枚のスライドに，メッセージの重要ポイントの鍵となる2つの絵があるのみの非常にシンプルなもので，これだけで1時間以上のプレゼンをしながら聞き手に語りかけるように話します。日本人のプレゼンは，一方的にデータを聞き手に聞かせるものが多いですが，アメリカ人のプレゼンテーションは，聞き手との双方向の会話を重視していることを学びとってみましょう。

18 プレゼンテーションにグラフを活用することは，聴衆の理解と注意を集める上でも有効な手段の一つです。USでは文字ばかりの資料より，色とグラフ，絵等が使われたわかりやすいプレゼンテーションが好まれる傾向にあります。他にもcause-effect (fishbone) chart, radar chart, organizational chart 等，色々なチャートがある。いくつのチャートを知っていますか。

19 プロジェクトの仕様書を書く上で重要な項目の一つにWBSがあります。要はプロジェクトにある幾多の仕事にどれだけ細かい関連したタスクがあるかを詳細に記したものがWBSです。プロジェクトをマネージする上で，どんなタスクがあるかを知ることは非常に重要です。このWBSを正確に作ることがプロジェクトの成功につながります。PM (Project Manager) が自分のプロジェクトをいかに理解していて，プロジェクトメンバーと共有できているかがプロジェクトの成功につながります。

Katsuo: ***We still need to work on the plan, but I think it is worth*** discussing with other division managers, especially the sales and marketing teams. You have my approval. Let's work on brushing up[20] the details this week. If we can convince the sales and marketing teams, then we can finalize the project plan and submit it to senior management. Let's aim at presenting the project proposal[21] at the sales meeting next week. ***Set up*** a kickoff meeting[22] and invite Doc, Anago, Fugu, and Kan. It will be a busy week. ***We need to put together*** an attractive business plan.

---

20 "brushing up" は "finishing up" とも言えます。いずれにしてもこの "up" はその時までにおこなわれていたタスクが完了したことを示す場合によく使用されます。

21 いわゆるプロジェクトの目的やアプローチを定義した企画書のことを指しています。これはビジネスの世界ではスポンサーや協力者の承諾を得るのに必要な作業のひとつです。アメリカではプロジェクトを Phase1, 2, 3...といった期間で分けてそれぞれのプロジェクトを目的や予算やリスク分散に応じて提案するのが一般的です。その方がプロジェクトをより目的別に管理しやすく，承諾を取りやすい傾向にあるようです。

22 いわゆるプロジェクトに関わるスポンサーから中心となるメンバーを集めておこなう立ち上げミーティングのこと。"kick off" はアメリカ英語ではサッカーのような足を使うスポーツでよくシーズンスタートの試合を表す場合に使用されますが，同様の意味があります。

Chapter 2: プロジェクト計画の策定

太郎：「かつ男さん。今日はお越し頂きありがとうございます。開発アドバイザーであるどく太と私で，FPIの新製品に関するすばらしいアイデア[2]を具体化している最中です。屋内で太陽光線を生成する製品なのですが，これは外出しなくても美しい肌（毛）を維持するために必要なビタミンDを生成してくれます。家庭用製品として北アメリカとヨーロッパのマーケットをターゲットとしています。現段階では，日本の平均的な家庭に設置するには大きすぎます。プロジェクト名については「家庭用人工太陽デリバリー」の頭文字をとって，DASHと名づけました。」

かつ男：「ふむふむ・・・美しい毛のためにビタミンDを生成する屋内太陽ですか。革新的ですね！現時点で，この様な製品を考えついた競合会社[3]は他にはいないと思いますよ。もっと，商品について詳しく教えてください[4]！」

太郎：「かならず，DASHに興味を示してくれると思っていましたよ[5]。我々は新商品をNGSと名づけました。これはNext Generation Sun（次世代の太陽）の頭文字[6]からとりました。開発アドバイザーのどく太は，既に屋内で自然な太陽光を生成する試作品の完成を終えています。私自身も数週間前から実験を行っているのですが，私の美しい毛を見られてどう思いますか。」

かつ男：「言われてみると，少し毛並みが美しくなったように見えますね。・・・より健康的になったという感じがします。」

太郎：「ありがとうございます[7]。製品開発の資料からご覧いただけるように[8]，解決すべき事項はまだいくつか残っています。例えば，先ず製品の大きさの問題があります。製品の大きさは，20平方メートルもあり，消費電力が，毎秒500キロワットです。そして，製品価格は25万ドルになってしまいます。」

かつ男：「それはすごいね！」

太郎：「しかし，NGS はもっと小さくでき消費電力も削減できると考えています。また，価格も一般的な新車価格帯と同じ約 20 万ドル[9]にまで下げることができると考えています。」

かつ男：「うーん[10]！」

太郎：「次のスライドを見てください。試作品を市場性のある製品にするには，最低，1 年間のプロジェクト期間[11]と専任の技術開発者 3 人，100 万ドルの研究開発費[12]が必要です。ターゲットとなる市場は北アメリカを想定しており，アメリカの販売代理店[13]と提携を結び市場を開拓する予定です。」

かつ男：「1 年，技術開発者 3 匹，100 万ドルですか。それはかなり大掛かりなプロジェクトですね。投資利益率（ROI）[14]は，どの位を想定されているのですか。」

太郎：「スライドからご覧いただけるように，製品の価格が 2 万ドルという計算で，収益は最低 500 万ドルとなることを目標としています。北アメリカにおける家庭のデータをもとに計算してみました。猫人口を 2 億 5 千万以上と想定して，住居数はおよそ 4000 万戸です。製品を購入する一般家庭サイズを 3 ベッドルームと想定すると，対象は 400 万件と見積もることができます。我々の予想では，400 万世帯内，少なくとも 6.25 %が製品を購入すると想定しており，25 万個の販売を考えています。NGS の販売価格は，1 つ 2 万ドルを想定しているため，総売上は 500 万ドルになると予測しています。しかし，これらの数値は大まかな予想です。今回の製品は新たな市場をターゲットとした新製品であることから市場をほぼ独占[15]できると考えています。今度の製品売上げ向上の可能性は計り知れません。このため，将来の売上収入増加が期待できます。」

かつ男：「ふむ・・・説得力はありますが，100 万ドルの開発研究費はFPI にとって相当な投資です。他のチームを説得するには明確なプロジェクトにおける我々の構想，任務，目標[16]といった具体的な計画が重要となります。」

太郎：「それは次のスライド[17]に掲載しています。これが我々が考える今回のプロジェクトの構想，任務，目標の順です。ガントチャート[18]は全体の対象を定義し，まとめるためのプロジェクト作業分解図（WBS）[19]を示しています。ご覧いただけるように，要求される任務と資源の対象は階層化された樹形図の構造で表されています。プロジェクトの期間とコストは WBS をもとに算出しました。DASH の暫定チームメンバーとしては，開発アドバイザーのどく太と営業の穴子，マーケティング本部長のふぐ，技術研究所技術主任の缶を選出しました。私は，プロジェクト・マネージャーに就きます。プロジェクトの正式な承認をいただいた後，さらに具体化した開発企画を準備する段階で，ぜひ，アドバイスを頂ければと思います。」

かつ男：「プロジェクトの計画については，まだまだ見直す所はありますが，他にも営業やマーケティングチームなどの他部門のマネージャーと議論をする価値はありますね。もちろん，私は今回のプロジェクトに大賛成です。今週は一緒に計画の内容の改善[20]に努めましょう。後は，営業とマーケティングチームを説得することができれば，プロジェクト提案書[21]を完成させて，上層部経営責任者に提出することができます。来週のセールス会議でプロジェクト計画を紹介することを目標としましょう。どく太と穴子，ふぐ，缶を招き第一回のキックオフ・ミーティング[22]を開催してください。多忙な一週間となるでしょうが，魅力的なビジネス計画をまとめ上げるために，一緒に頑張っていきましょう。」

太郎と確認するビジネス英語表現②

ポイント①

Docta and I have been working on a great idea for a new FPI product.
（どく太と私で，FPI の新製品に関するすばらしいアイデアを具体化している最中です）

Chapter 2 の目的は，上司から新製品プロジェクトの許可を得ることです。ここでは，新製品の具体的な説明に入る前の導入部で使う表現を覚えましょう。上司を説得する会話を開始するにあたり，have been working on a great idea for ～という現在完了進行形の表現を使い，「これまでずっと取り組んできた素晴らしいアイデアである」というニュアンスを込めて上司の注意を惹きつけましょう。

ポイント②

To develop the prototype into a marketable product, we are seeking a one-year project term, at least three dedicated technical developers, and a one-million-dollar R&D budget.
（試作品を市場性のある製品にするには，1 年のプロジェクト期間と専任の技術開発者が少なくとも 3 匹，100 万ドルの研究開発費が必要です。）

これは，新製品の説明において，試作品を市販品にするうえで何が必要になるかを説明する表現です。新製品の具体的説明，問題点と対処法などとともに今後必要となる項目を具体的に述べることは上司を説得するうえで極めて重要なことです。To develop the prototype into a marketable product, we are seeking ～. という表現を覚え，様々な状況に対して活用できるように練習しましょう。

ポイント③

If you approve of the project, I'll need your advice on prepareing a more detailed development plan.
（プロジェクトの正式な承認をいただいた後，さらに具体化した開発企画を準備する上で，ぜひ，アドバイスを頂ければと思います。）

新製品の説明が終わり，好感触を得たら，そのプロジェクト実施を具体化させるために上司に開発プランのアドバイスを求めましょう。説明をして許可を得るのが目的ですが，この時点で上司に今後のプランについてアドバイスを要求することによって話をさらに一歩進めることができます。If you approve of the project, I'll need your advice on ～. という表現は，上司の説得を目的とする発話の終結部として，とても効果的な働きをします。

どく太に挑戦 ②

挑戦 1 次の日本文に合う最適な英文を選ぶのじゃ。その理由も考えられるかな？

1. このアイデアに興味を示してくれると思っていましたよ。
   a. I was thinking that you would be expressing interest in this idea.
   b. This idea would prove of interest to you as I thought.
   c. I knew you'd be interested in this idea.

2. これは議論をする価値はありますね。
   a. This is worth discussing.
   b. This is valuable for discussion.
   c. This argument is valuable.

3. このプロジェクット報告をまとめ上げなければなりません。
   a. This project report must not be pulled together.
   b. We must not to wrap up this project report.
   c. We need to put together this project report.

挑戦 2 次の日本文に合う最適な単語を選ぶのじゃ。その理由もつけてな。

1. 売り上げはどの位になるのですか。
   [a. What kind of b. How much of c. How many] sales are we talking about?

2. 言われてみると，こちらの方がいいですね。
   [a. Your saying so b. If you say so c. Now that you mention it] , this one is better.

3. 報告書からご覧いただけるように企画は成功した。
   [a. On looking at b. As you can see from c. Seeing from] the report, the project was a success.

どく太の解答と解説 ②

挑戦 1 どうじゃった？では解答と解説じゃ！

1. 正解 c

このアイデアに興味を示してくれると思っていましたよ。

a. I was thinking that you would be expressing interest in this idea.

この英文は直訳過ぎて不自然です。you would express interest なら可能ですが，expressing interest は進行形をとると表現しつづけるという意味になるので間違っています。

b. This idea would prove of interest to you as I thought.

この表現はフォーマル過ぎていて，直接相手と話をしている場合にはふさわしくありません。

c. I knew you'd be interested in this idea.

これが正解です。「～と思っていました」を示す “I knew” という表現はインフォーマルな会話でよく使用されます。

2. 正解 a

これは議論をする価値はありますね。

a. This is worth discussing.

これが正解。「～する価値がある」という意味を端的に表現しています。

b. This is valuable for discussion.

何が valuable であるかがはっきりとしていませんので valuable for は不自然で This would be valuable to discuss. ならやや堅い表現ですが可能です。

c. This argument is valuable.

argument は議論することではなく一つの発言という意味になります。

3. 正解 c

このプロジェクット報告をまとめ上げなければなりません。

a. This project report must not be pulled together.

日本語の「なりません」を否定語と捉え，英文に反映したため逆の意味になっています。

b. We must not to wrap up this project report.

a の英文と同様に日本語の否定表現をそのまま訳しています。

c. We need to put together this project report.

これが正解。「～しなければなりません」は，must か「～する必要がある」という意味で need to を使います。

挑戦 2 では解答と解説じゃ。

1. 正解 a

売り上げはどの位になるのですか。
[a. What kind of b. How much of c. How many] sales are we talking about?

「どのくらい」というのは数字的なことを言っているので many や much を使いがちですが，ここでは what kind of を使います。much を使うのであれば，How much sales...?となります。

2. 正解 c

言われてみると，こちらの方がいいですね。
[a. Your saying so b. If you say so c. Now that you mention it] , this one is better.

Your saying so は名詞句で従属節ではないから，文法的に間違っており，さらに，a はあなたが何かを表現したというだけで，意味が合いません。b は「あなたが言うのなら」という条件を表す意味になっており，「言われてみると」という意味にはなりません。

3. 正解 b

報告書からご覧いただけるように企画は成功した。
[a. On looking at b. As you can see from c. Seeing from] the report, the project was a success.

a と c の場合は主語が the project となってしまい意味が通じません。ここでは主文の主語が the project となっており see や look の主語（you）と異なるため，as のような接続詞を使って，主語を明らかにする必要があります。従って b が正解になります。

Chapter 3: Segmenting the Market—Business Commitment

市場分析及び社内合意形成

ミッション

おはよう太郎君。今回の君の任務は，営業およびマーケティングを含む他部署のシニア・マネジャーに前回作成したビジネスプランの概要のプレゼンテーションを行い，関係部署からのプロジェクトに対する支援を受けることにある。何度も言うようじゃがNGS（Next Generation Sun）製作・販売には，他部署の協力が不可欠じゃ！プロジェクトの協力を勝ち取るには，図やチャートを利用した詳細なマーケット分析および売り上げ予想分析が必要なのだ。あまりにもずさんなビジネスプランを見せても，営業やマーケティングのシニア・マネジャーは相手にしてくれんぞ！言うまでもないが，この会議は他部署の猫と行うものじゃから，言葉遣いと態度には十分気をつけるように。ここでつまずいておるようでは妖怪のような役員メンバーからの承認なぞ取れるわけもないことを忘れんようにな。お客様と日頃から接している営業およびマーケティングからの賛同を得て，このビジネスプランを会社の一大プロジェクトへ進めるようにするのじゃ。

ポイント：

- 会社のシニアマネジャーに対して，新規プロジェクトの背景とビジネスプランについて簡潔に説明する。

- 新製品（NGS）の課題と問題点（消費電力，コスト，サイズ）に関して説明を行い，関係部署からプロジェクトを実現させるために必要な支援を確保する。

- NGS のコンセプト，予算，開発プランについて関係者にわかりやすく解説する。

- NGS の説明をした後，社内他部署からの率直な意見を聞き，参加者の懸念事項に対して適切かつ明確に回答をする。

登場する猫

FPI エンジニア：
猫野太郎
(Taro Nekono)

FPI 代表取締役社長 (CEO):
猫野嶋蔵
(Shimazo Nekono)

FPI 業務執行役員 (COO):
猫野はじ目
(Hajime Nekono)

FPI 技術研究所所長：
猫野どく太
(Docta Nekono)

FPI 新製品開発本部長：
三毛野かつ男
(Katsuo Mikeno)

FPI 営業本部長：
海野穴子
(Anago Umino)

FPI マーケティング本部長：
虎野ふぐ
(Fugu Torano)

Chapter 3: Segmenting the Market—Business Commitment

Chapter 3

Taro: Good morning. My name is Taro[1] and I am Program Manager of the FPI R&D division. ***First of all***, ***I would like to thank all of you for*** [2] attending this meeting.

This meeting has been called[3] to share feedback from the representatives of each division regarding our new product prototype. Once we get your support, we will officially kick off the new product deployment project. ***Throughout this meeting, we would like to ask all of you to express your thoughts regarding*** this new prototype based on your particular area of expertise and experience. ***Please remember that what is discussed at this meeting is highly confidential*** [4] ***and that everyone must comply*** [5] ***with the non-disclosure agreement*** [6]. ***Please do not share what you learn today with anyone other than those present at this meeting***.

---

1 外資系の場合，社内ではファーストネームのみで呼び合うことがほとんどです。たとえ社長（CEO)でも“Bill”というように気さくに話しかけることが多いようです。ただ外資系であっても比較的歴史のある会社の場合は，相手の立場や状況に合わせてタイトルや名字で呼ぶこともあるので注意が必要です。

2 ビジネスシーンでも第一に感謝の意を表すことは非常に重要で，海外では特に多く見受けられます。

3 英語では受動態は日本語よりも使われることは少ないのですが，このケースでは受動態を意図的に使用しています。

4 社内機密文書には通常今回のように“confidential”の文字が付きます。これは日本で言う「マル秘」,「社内秘」といわれているものと同じです。細かく分けると，“restricted”,“highly confidential”,“confidential”,“public”などに分類されて，最近ではメール文に注意書きとして多く見受けられるようになるほどコーポレート・セキュリティのコンプライアンスの強化に取り組む企業が増えています。

5 法律用語のひとつです。日本のビジネスシーンでも近頃「コンプライアンス」という言葉がよく使われるようになりました。

6 アメリカのビジネスシーンで使用される法律用語の一例です。“NDA”というように省略されて使われる事もあり，情報機密保持に同意している事を指します。

Here is today's agenda.

New Product Campaign
- Today's Agenda
1 New Product "NGS-Artificial Sun Ray" Announcement
2 FRI and ACAT: Sales Strategy for North America
3 Product Sales Forecast
4 Contract and Services Support
5 FAQs and Further Contact Information

First, I would like to describe the background of this new product and then explain its technical aspects. ***After we go over the agenda items***[7]***, we will review*** the market analysis report on the latest healthcare product trends, as this is where we would like to deploy this product. And last but not least, we would like to get your professional and frank feedback[8] regarding the potential of this new product.

Let's begin with the first item on the agenda. ***As you know***, FPI's revenues have been flat for the past few years. What we need right now are attractive new products to boost revenues. The CEO has ordered[9] the R&D[10] division to come up with innovative ideas. Our immediate target is to produce an exciting new product to expand our business into the North American and possibly the European healthcare market.

I am very happy to announce that the R&D team, thanks to Doc's expertise, has come up with an exciting product prototype. It gives me great pleasure to announce NGS,[11] or Next Generation Sun, a device that can produce artificial sunlight indoors. Here are its specs.[12]

---

7 予告，議題事項として，会議の前に事前に通知されます。日本の文章は「起承転結」というルールに基づく文章構成が多いのですが，アメリカの文章はまずファンネル（じょうご）のように一般的な内容から自分の今回話したいポイントをせばめていく手法で全体の予告，サマリーをまとめたイントロダクションが最初に来て，そこから少しずつ細かい内容に触れていくという文章形式を取るのが一般的です。この文章構成の違いが日英の会話の違いにも大きく出てきているようです。

8 "feedback"はアメリカのビジネスシーンでは "opinion"（意見）や "criticism"（批評）などの意味で使用されています。

9 "ordered" は "asked" とも置きかえることが可能です。"order" を使う場合には太郎がCEOから強い指示を受けていることを示す場合に使用されます。

10 "Research & Development" の略。研究開発を意味する単語です。

11 頭字語（acronym）と略語（abbreviation）の違いを覚えておきましょう。FBIは "Federal Bureau of Investigation"の頭字語。NGSはどちらになるのか考えてみましょう。

12 "specifications" の略。略語は日英ともによく使われるので代表的なものは覚えておくと便利です。

The current issues we are facing are the device's size and energy consumption. We are aiming at reducing it to about the size of a small car. We will[13] also bring the energy consumption down to about that of an air conditioner. We are estimating[14] a price of about $20K, which is about the same as an average car. ***To do this, we are asking for*** a one-year project term and an R&D budget of $1M. Our target market is North America. After monitoring its performance there, we plan to target other regions.

This new invention ***has enormous[15] potential for*** future products as well. ***It promises to bring*** in substantial revenue to FPI, and not only from the current healthcare market. ***For example, it could*** replace current lighting fixtures by providing natural-like sunlight inside the home. The possibilities are endless!

As you know, cats need to frequently sunbathe in order to produce vitamin D, which is essential for maintaining beautiful fur. The NGS will help us cats produce vitamin D without having to go outside. We will even be able to sunbathe at night!

---

13 アメリカのビジネスシーンでは "will" は「自信」と「不屈の精神」を示す際好んで使用されるようです。

14 "estimate" は何らかの根拠を持って予測されるもので，ここには出てきませんが "guess-timate" は勘に基づくいわば直感的な場合を示す造語です。

15 "big", "large" といった単純な形容詞だけでなく，"huge", "gigantic" といった同義語を覚えて使えるようにしましょう。これにより，会話の内容がよりプロフェッショナルなものとなります。

Take a look at the next slide please. (*Prepare marketing trend PPT.*[16]) ***You can see*** the recent upward trend[17] in the healthcare market. As at the moment there is no competition for our indoor artificial sunlight product, FPI will be a pioneer in the field and be able to monopolize the market. ***By successfully launching***[18] NGS in the North American market, we foresee the evolving[19] need for healthcare products pushing FPI sales to over $5M.

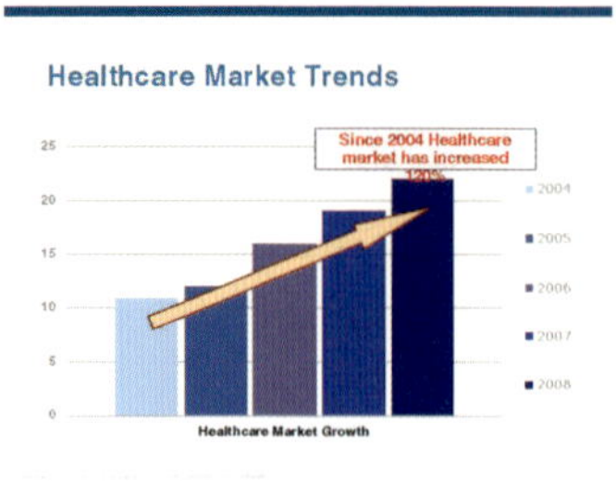

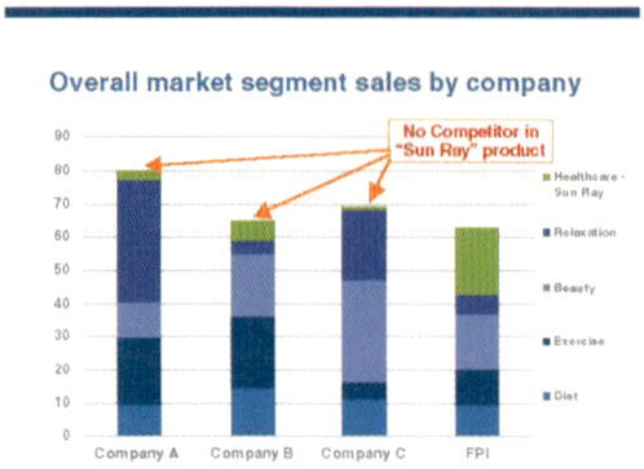

16 マーケットトレンドは特定市場の動向を客観的に示すデータとしてビジネスの世界で多用されます。これらのデータを使い，聴衆が事実を分かり易くビジュアルで追えるようにすることが大切で，それは文章で書くよりもより多くの情報を図から伝えられるからです。ここで気をつけたいのが，主題とそのスライドの内容が一致していること，また作者が本当に伝達したいと思う重要箇所に聴衆の注目が集まるような配置および色使いがされているかです。むやみにカラフルな資料や，必要のない絵や写真は作者に満足感を与えますが，かえって聴衆の注意が散漫となり，単なるきれいな資料で終わってしまうことがあります。スライドは伝えたい事柄をより効果的に聴衆に伝えるための手段の一つでしかないことに注意しましょう。日本人のスライドは辞書のように細かい情報がたくさん入っていることが多い傾向があります。これは資料を教材として配るときには効果的ですが，聴衆が後で資料を読めばすむために，せっかくの発表を聞かなくなるという弊害が起こりうることに注意してください。

17「上向き，上昇傾向」ということを表す際に使用する単語です。この他，"skyrocket" といった慣用句的な単語もよく使われます。逆に「下降傾向」を意味する単語は"downtrend"，"underwater" 等があります。

18 新製品発表の際は "product launch" という言葉がよく使用されます。

19 "evolving market"（成長期の市場），"emerging market"（新興市場）といった言葉も英語では頻繁に使われるので是非とも覚えておきましょう。

The first wave of an innovative product revolution[20] in the healthcare market ***is already upon us***. Considering the current growth of the North American market, the odds of our success are clearly very good. The demand[21] for household healthcare products in the United States continues to increase and is expected to grow by approximately 3% per month[22] per household by 2010. The average American family is expected to spend 100 times more than it did for healthcare products in 1995.[23] But the actual products being delivered to the market are not meeting the increasing demand.

As a possible competitor,[24] there is a UV-light or tanning device which produces a similar effect. ***However***, it is not good for the health, and the user is confined to the device while getting the suntan. It also comes with environmental concerns. With NGS, on the other hand the user is free to move about. And NGS will be developed to use less electricity and thus be more environmentally friendly.

---

20 こうした誇張表現はアメリカのビジネスシーンでは疎まれるものではありません。むしろ聴衆の注目を集める有効な手法の 1 つとして頻繁に活用されています。

21 「需要」を意味する単語です。“need” といった言葉でも代用可能ですが，是非とも覚えて使用してほしい単語です。“demand creation” 等の言葉はビジネスの世界では頻繁に使われます。

22 「ひと月あたり XX %」，「年 YY% の上昇」といった増減をパーセントで表すことは実数で示すよりも，より効果的で説得力を増すことがあります。その時の状況に合わせて使い分けたいものです。

23 過去のデータを使って聴衆をひきつけるのもプレゼンテーションを上手くいかせるテクニックのひとつです。つかみとして興味深い話をひとつふたつ事前に調べておくこともよいプレゼンにつながります。あくまでも聞き手に興味を持ってもらうこと，そして相手へのわかりやすさに重点を置くことが大切です。

24 「競合分析」は常に多角的な観点から実施されるべきです。数値による単純な比較だけでなく，競合製品の評判，対象となる市場の動向，強みや弱み，文化，宗教等も考慮に入れた上で，どのような戦略を持って新規市場に乗り込むかを決定する必要があります。「なんとなく」や「勘」では現代のビジネスでは勝ち残れないことを忘れないでください。

The United States has been a leading health-conscious country for the past decade, but recent statistics show that the country is in danger of losing its premier position. According to the Department of Health and Human Services (DOHHS), the United States ranks no better than in the middle of the pack[25] regarding health maintenance.

By the way, we are defining "health" loosely so as to include any healthcare and fitness product. Typically, small, home-use health and fitness machines are widely accepted in the U.S. and purchased by most households. This shows that many Americans want to do everything indoors since this means that they can control their environment. We can use this rationale[26] to promote our product. For example, a slogan and sales promotion campaign such as "Make your indoors the outdoors with NGS" can make NGS a *de facto*[27] standard in home health equipment.

Now, we would like to hear your feedback regarding NGS.
Please feel free to express your opinions and ask questions.[28]

---

25 この "pack" は「固まり」を表していますが，他には，「出荷単位」を表す場合もあります。

26 アメリカのビジネスシーンにおいて，プレゼンテーションや交渉事では企画をサポートするために「具体的な理由や根拠」を言うことが多いようです。これによりある企画を決定することが容易になります。

27 「事実上の」という意味の言葉で，ラテン語を語源とする単語です。日本語の中にも外来語があるように，英語でも外来語がよく使用されます。例えば "RSVP"（*répondez s'il vous plaît*）は結婚式の招待状等で "please reply" というお願いをする際に使われますが，これはフランス語からきています。

28 "idea" と "opinion" は日本語に訳すと同じ「考え」になりますが，英語では idea はそのときに思いついた「考え」，opinion は「熟考された上で出される考え」という場合に使われることが多いことをご存知ですか。事実 "professional opinion" とは言いますが "professional idea" とは言いません。

Fugu: ***<u>Yes. I am</u>*** Fugu from the Marketing Division. The current prototype seems quite expensive and consumes a lot of energy. Even if you can improve these features, wouldn't it still be too expensive for the average household? And the size wouldn't be acceptable, either, would it?

Taro: Yes, but the project[29] team is working hard at resolving these issues. And once the product becomes popular in the market[30], its price can be reduced.
<u>We project that</u> the artificial SUN will quickly become as basic a piece of home equipment as the automobile for any country wishing to benefit from the easy and effective maintenance of good health it offers. In particular,[31] the machine can eliminate the harmful, cancer-causing portion of natural sunlight. This means that users might even prefer staying at home to enjoy various previously outdoor activities.

---

29 "address" のように名詞と動詞が同じ単語でも発音する際にイントネーションの場所が変化するものがあります。この "project" は名詞の時は第一音節を強く，動詞の時には第二音節を強く言います。

30 アメリカ市場では，人気商品となったものはその値段が上昇することがあります。言い換えると市場のニーズが高いものほどその値段は高くなります。逆に売れない商品はその値段が下がる傾向があります。日本ではたくさん売れるものを大量生産し，その値段を下げようとする傾向にありますが，アメリカでは逆にその生産量を制限して高い値段を維持しようとします。これも異なる市場テクニックからくるものといえます。

31 "Particularly" といった副詞で始まる文章より "In particular" や "In general" といった副詞句で始まる文章を好む傾向がありました。文法的にはどちらも正しいのですが時代とともに英語の使われ方も変化していきます。これは英語も日本語も同様です。

Anago: Taro, I also have a couple of questions[32]. My name is Anago from Sales. From the Sales point of view, the product sounds quite fascinating, but we do not currently have any sales channels[33] in North America. ***In addition***, most of our current sales representatives[34] are not fluent in English. ***Under these circumstances, how can*** we proceed with the sales promotion[35]? ***Personally speaking,*** I would prefer selling the product in Japan first if the size and cost issues you have described can be resolved. One more question: Why can't we implement this invention as a replacement for currently used room lights? I think this can[36] be a great moneymaker.

---

32 実社会で新規戦略を始める上で最も難しいのは，自社内での意見調整と戦略の認可を勝ち取ることかもしれません。実際に日本でも「はしごをはずされる」とか「後ろから撃たれる」といったことはよく起き，これによってそのプロジェクト自体が失敗することが多いのも事実です。

33 「販売経路」を意味します。business channel とは product distribution を意味します。マーケティングの 4 つの P's: "product", "promotion", "place" (channel), "price" などのフレームワークもよく出てくる考え方ですので，覚えておくと便利です。

34 略して "sales rep" と呼ぶことが多いのですが「営業担当」のことです。これに対し "salesperson" とは「大型量販店での売り子」を意味します。又，外資系で "AM" というのは "Account Manager" であり「担当営業」を指します。

35 一般には「興業」となりますが，このケースでは「販売促進活動」を意味します。また，関連した言葉でよく使用されるものの中では "rebate", "refund", "discount" などがあります。どれも割引きの際に利用されるプロモーションです。

36 この "can" は "could" に差し替えることも可能です。could の方がより仮想的です。

Taro: ***Thank you***, Anago. ***You have raised some very good points***. ***It is true that*** FPI is not currently ready for the U.S. or any other foreign market. We are therefore thinking about using U.S. retailers for the North American market. ***Based on our simulation***[37]***, this should be*** the most feasible[38] sales tactic and has the benefit of allocating liabilities[39] when entering a new market. We, of course, plan to send English-speaking FPI personnel to supervise our U.S. sales strategies and improvise sales training for U.S. retailers.

Your second question is[40] why we do not plan to initially sell this product in Japan.

---

37 ビジネスの世界で「シミュレーション」は重要です。特に，現在存在しない製品の投入時などは実に多角的な角度からシミュレーションを実施します。日本でも第二案を想定するのが常ですが，アメリカでは第三，第四といったシミュレーションによる複数のシナリオを用意して有事に備える傾向が強いようです。

38 “feasible”（実行可能な）は高い確率で実行可能な場合を表す際に利用されます。その他にも，確率や可能性によって単語を使い分けて利用できるようにしましょう。特に “positively”（確実に）や“sure”，“possibly”（たぶん），“probably”（おそらく），“perhaps” は覚えておくと便利です。

39「リスク分散」のことで，これも第二，第三といった代替案を作る文化でよく使われます。“contingency plan”，“risk allocation” はとてもよく使われる言葉ですから覚えておきましょう。

40 聞き手の質問に対し，それを復唱しその質問の順序を守って回答することは非常に重要です。論理的に順を追って説明しないと外国人は突然の話のジャンプについてこられないことが多いことを覚えておいてください。「起承転結」という日本の伝統ともいえる文章構成が外国人とのコミュニケーションを分断してしまう要因となることも多いのです。順序だてて話すことは非常に重要です。

The reason is quite simple. First of all,[41] current FPI technology cannot reduce NGS to a size that would fit into the average Japanese house[42]. Second, as pointed out earlier, Americans are quite health conscious. We are thinking of North American sales as a test before further expansion of our business. But let me add that the R&D team is quite confident that the product will be the next big hit in the U.S. healthcare market. Success in the U.S. market should lead to success in other markets. The U.S. and European countries are still the source of worldwide trends. And last but not least, yes, the current cost of the NGS is quite high. But we are trying hard to cut costs, though it will take some time to reduce the price to a level suitable for mass sales[43] in the Japan market.

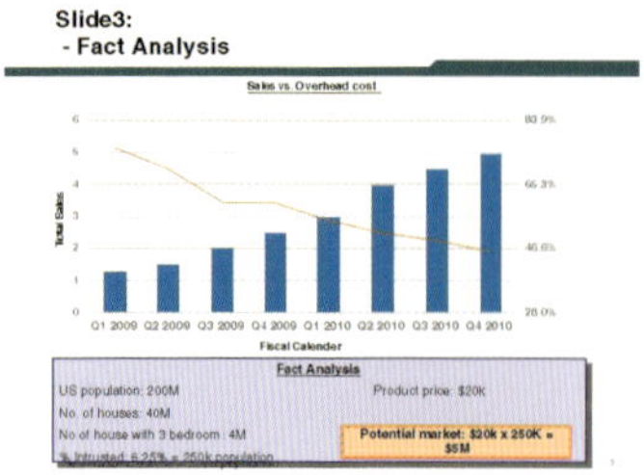

To answer your last question, please look at my face and Doc's. There is no doubt that NGS is quite effective for certain uses, but not everyone may want to get a suntan in the house. NGS sunlight is still too strong to be considered as a replacement for currently used electric lights, though we are considering various possibilities. ***I hope I have been able to answer your questions. Does anyone have additional concerns or questions regarding***[44] the NGS project?

---

41 非常によく使われる言い回しです。「第一に」は "first" または "first of all" と言います。「第二に」は "second" と言って "second of all" とは言いません。「…そして最後に」は "lastly", "finally" または "and last" です。前述しましたが，英語では物事の説明を順序だてて実施する必要があります。この順番を間違えると，日本人なら察してくれることでも，外国人は混乱してしまい会話が通じなくなることが多いので気をつけてください。

42 1970 年から 2000 年にかけてアメリカの家の広さの平均は 170 平方メートル，1 世帯あたりの人数は 2.8 人であるのに対して，2003 年から 2005 年にかけて日本は 95 平方メートルで 2.5 人です。

43 「大量販売」を意味します。この他にも「大量購入割引」(mass discount) 等は日常生活でもよく使われる表現です。

44 この場合，"about" でも代用できますが，"regarding" はビジネスでよく使われる言葉ですので覚えておくと非常に便利です。

Anago: ***From the*** Sales ***point of view, I think this is*** clearly worth trying.

Fugu: I agree with Anago.[45] NGS certainly ***has possibilities for*** big revenue growth, though I have a few more concerns, such as patent issues and contracts[46] with retailers. Your group needs to work closely with our division, since we also deal with legal issues.

Taro: ***Thank you for your advice***. We have submitted patent specifications and applications to both the Japan and U.S. Patent & Trademark offices. Applications in other countries will be taken care of soon. ***With everyone's approval, we would like to*** present this new project to the executive committee next week and then hire an agent to draw up a contract for our U.S. retailers. In conclusion, I truly believe that NGS will be a revolutionary new innovation that will bring great profit to FPI.

---

45 西洋文化の特徴の一つに自分の意思を明確に「宣言」することがあります。"I am in total agreement with your opinion." といったように，話し手に反応して自分の意見をしっかり発言することはビジネスの世界ではとても大切です。

46 アメリカは裁判の国とも言えます。新技術を開発しても法律でしっかり守れるように準備しておかないと，せっかくの新技術を合法的に他社に盗まれてしまうことがよくあります。また，たとえ新規に技術登録をしてやっと製品化にこぎつけても，その技術に対する権利に裁判という形で戦いを挑んでくる場合もあります。そうした法律問題を事前につぶしておくことは最も大切なことの一つです。ここで失敗すると，せっかくのプロジェクトや新技術開発の苦労が水泡に帰してしまうのです。

Hajime: Yes. We all[47] support the NGS project. ***The key to the success of*** NGS will be how small it can be made and how far the energy consumption level can be lowered. ***We are counting on*** the FPI development team. ***Please let us know if your team needs any further support***.

Taro: ***Thank you, everyone***. This will be a big project[48]. ***We will do our best to*** make NGS ***the best healthcare product ever***.[49] Team, now we need to get down to business and prepare our presentation for the executive committee next week. We have a lot of work to do!

---

47 1 人が部屋にいる人を代表して発言する前に "we all" という表現を使います。

48 プロジェクトを始める上で重要な事柄の一つに，そのプロジェクトの責任を会社の上層部の誰に持ってもらうかを明確にする必要があります。しっかりと責任者を決めておかないと部門間にまたがる協力要請や，最終決断を迫られる場合に，社内でもめてしまうことが多いでしょう。最初の時点で，誰に責任があるかを明確にすることは，プロジェクトをスムーズに進める上でとても大切なことです。

49 この "the best product ever" はアメリカのビジネスシーンでよく使われる誇張表現で，他にも "Nothing can beat ..." があります。

Chapter 3: 市場分析（社内合意形成）

太郎：おはようございます。私はFPI研究開発部門のプログラム・マネージャーの太郎[1]です。まず初めに，この会議に出席して下さり，ありがとうございます。[2]

今回のミーティングは，[3]新しい製品の試作品について各部門の代表である皆様からの感想や意見をお伺いするためにお集まり頂きました。皆様のご賛同を得れば，新製品を展開させていくプロジェクトを公式にスタートしたいと考えています。このミーティングでは，皆様の専門的知識と経験をもとにして，新製品について皆様が思ったことを仰って頂ければと思います。このミーティングは秘密厳守であり[4]，「非情報開示契約」を遵守しなければいけないことをご留意ください。[5]この会議に出席しているメンバー以外に情報を開示しないようにお願いいたします。[6]

こちらが今日の議題です（資料）。
まず，この製品を開発するに至った経緯を説明し，その後，技術的な説明に移りたいと思います。最初に，本日の議題[7]を説明した後，我が社が新製品を投入しようとしている分野の最新の健康管理商品傾向を示しながら市場分析結果を検証してみたいと思います。そして，最後に，新製品の可能性に関する各メンバーからの専門的な意見や率直なフィードバック[8]を頂ければと思います。

では，本日の最初の議題です。
皆様もご承知の通り，FPIの収益はここ数年横ばいとなっております。収益を拡大させるためには，魅力的な新製品の開発が不可欠です。CEO（最高経営責任者）は，研究開発部門[10]に新製品の開発を命じました。[9]我々の直近の目標は画期的な製品を開発し，北アメリカ，そしてヨーロッパの健康促進市場で事業を拡大することにあります。

今回，研究開発チームが，開発アドバイザーであるどく太の技術的な支援のもと，画期的な新製品を開発したことを，発表できることを光栄に思います。本日この場で，人工的に太陽光線を生じさせることのできる装置，NGS (Next Generation Sun[11]) を発表致します。製品の概要[12]は次の通りです。

我々が，現在直面している問題は，製品の大きさと電力消費率の大きさです。最終的には，小型乗用車よりも小さい大きさまで縮小させることを目標としています。電力消費については，エアコンと同じ位まで下げるよう努力を続けています。[13] 現在想定している製品の販売価格は，平均的な乗用車の価格帯と同じ，2万ドルを考えています。[14] これを実現させるために，一年間のプロジェクト期間と，研究開発の予算として100万ドルを要求しています。最初に開拓しようとしてる市場は，北アメリカです。北アメリカでの業績を踏まえて，他の地域への展開を検討していく予定です。

今回の新発明は，将来の製品開発をする上で大いなる[15] 可能性を秘めています。現在の健康機器市場のみならず，他の市場からもFPIに対して多大な収益をもたらしてくれると考えています。例えば，今回の新製品は家の中にいても，自然のような太陽光を生成できるため，現在の電灯設備に取って代わる可能性をも秘めています。新製品がもたらす可能性は計り知れないといえるでしょう。

皆様もご存知の通り，猫は美しい皮膚を維持する上で重要なビタミンDを作り出すために頻繁に日光浴をしなければなりません。NGSは猫が外に行かなくてもビタミンDを作り出すことを可能にするのです。しかも，今後は夜でも日光浴ができるようになるのです。

次の資料をご覧ください（資料）[16]。ご覧頂けますように，健康機器の市場は右肩上がり[17] であることが理解できるかと思います。室内での人工太陽光線の製品を扱う競合会社が存在していないため，FPIはこの分野において先駆者となり，市場を独占できると考えています。北アメリカのマーケットでNGSの参入が成功[18] すれば，拡大する健康機器の需要[19] によってFPIの売り上げが500万ドルを超えることが予見できます。

健康機器市場での製品改革[20] の第一の波に我々は乗っているといえます。現在の北アメリカのマーケット市場の成長を考慮すれば，我々の成功の確率は高いといえます。家庭向けの医療製品の需要[21] は年々増大し続け，アメリカでは2010年まで一戸辺りひと目で[22] 約3パーセント増大すると期待されています。アメリカの一般家庭において，医療製品にかけるコストは1995年と[23] 比較して100倍以上になることが見込まれます。しかしながら，実際に市場に提供される健康製品は増加する需要に対して比例していません。

競合製品[24] としては，紫外線ライトは我々の製品と同様の効果をもっています。しかし，紫外線は健康には良くなく，ユーザーは日焼けを得るための装置の所にいることが必要とされています。また，環境に関する観点からも問題であるといえます。NGSの場合は，ユーザーが製品を使用中にも自由に動くことができます。また，NGS に必要な消費電力の方が，競合製品よりも少なくなるよう開発しているため，NGS の方が環境に良い製品と言えます。過去 10 年に渡って健康を重視する国としてアメリカは第一人者ですが，最近の統計では首位の地位を明け渡す状況となっています。保健社会福祉省 (DOHHS) によれば，健康管理を図る中位の国々[25] とさほど変わらない状況です。

ところで，どのような健康管理製品の分野にも含まれるよう「健康」の定義を厳格にしていません。小型の家庭用健康製品は，一般の家庭で広く普及しており，多くの家庭で実際に購入されています。これらの事実からも，多くのアメリカ人が，自分自身の環境を管理できる室内にて健康管理をすることを望んでいるといえるのではないでしょうか。我々はこれらの事実を，新製品を販売するにあたって活用できる[26] と考えました。例えば「NGS を使って室内を屋外のようにする」です。我々はこのような製品広告を活用することで，NGS を家庭用の健康製品という分野において事実上[27] の業界標準に出来ると考えています。

では，皆様からの NGS に関するフィードバックを頂ければと思います。質問や意見[28]があれば遠慮なくお願いします。

ふぐ：はい。私は，マーケティング部門のフグと申します。現段階の試作品は高額であり，消費電力が少し高い気がします。もしこれらの問題点を打開することができたとしても，一般家庭には少し高すぎて，大きさについても適切ではないと思いました。

太郎：現在も，プロジェクト[29]・チームは，ご指摘頂いた問題を解決するために全力を尽くしています。また，製品の人気が市場において[30] 出始めれば，現段階よりも価格を下げることはできると考えています。

シンプルな製品でかつ効果的な健康製品を望む国においては，人工的な太陽光が一般的な家庭健康製品として，現在の乗用車のように普及すると我々は予想しています。特に，[31] 我々の製品は自然の太陽光線にも含まれている有害な部分を取り除くことができます。それにより，ユーザーは室内で，自分の好きなことをできるようになるかもしれません。

穴子：太郎さん，私もいくつか質問[32] があります。営業部門の穴子と申します。営業の観点から述べると商品は大変魅力的なのですが，現段階では北アメリカにおける「販売経路（販売網）」[33] が存在しません。

また，営業担当[34]のほとんどが英語に流暢ではないのです。この様な状況のなかでどのように販売活動[35]を行えばよろしいのでしょうか。個人的には，あなたが述べたような問題が解決できたとして，まずは製品を日本で販売した方が良いのではないかと思っています。更に質問があるのですが，現在室内で使用されている照明器具としての代用品として何故この開発を行えないのでしょうか。私が思うに，必ず多くの収益をもたらしてくれる[36]と思うのですが。

太郎：穴子さん，重要なご意見ありがとうございます。FPI が現段階において，アメリカ市場のみならず，他の海外市場に進出するには準備不足であるのは事実です。現状を踏まえて，我々は北アメリカ市場においては，販売代理店を通じて製品の販売を展開することを考えています。我々の販売シミュレーション[37]によれば，これがもっとも実現可能[38]な販売戦術であり，新しい市場に進出した際のリスクを分散[39]できるメリットもあると考えています。もちろん，アメリカでの販売戦略を管理していくとともに，アメリカの販売代理店のための研修会を随時開催するために，FPI は専属の社員を派遣するつもりです。

あなたの二つ目のご質問は[40]「何故日本で最初に商品を販売しないのか」でしたね。理由は実に簡単です。まず第一点は，[41] FPI の現在の技術では NGS を日本の一般家庭[42]のリビングルームなどに収まる大きさに作ることができないことが挙げられます。二つ目は，アメリカ人は健康にかなりの注意を払っている点です。北アメリカでの販売を通じて，事業を拡大する前に試験的に製品の販売を行おうと考えています。個人的な意見ではありますが，研究開発グループはアメリカの健康機器市場で大ヒット商品になってくれることを確信しております。アメリカ市場で成功することは，他の市場で成功することを意味しています。アメリカとヨーロッパの国々は未だ世界の動向をリードしています。最後に，上記の二点と同様に重要な点として，NGS の現在の価格は相当高額であることが挙げられます。価格削減に全力を尽くしますが，日本の市場で大量販売[43]するのにふさわしい価格まで削減するにはもうしばらく時間がかかると考えています。

最後の質問についてですが，私とどく太の顔をご覧ください。NGS が特定の利用方法において，すばらしい効果をもたらしてくれることは，間違いありませんが，全ての猫が家の中で日焼けをしたいとは思わなでしょう。現在，さまざまな製品の選択肢を模索してはいますが，現在使用されている照明器具の代わりという段階までには達していません。

全ての質問にお答えできたでしょうか。他に NGS プロジェクトに関して[64]のご懸念やご質問はありますでしょうか。

穴子：営業部門の観点から申しますと，試してみる価値は大いにあると思います。

ふぐ：穴子さんの意見に同意します。[45] 他にも特許の問題や販売代理店との契約[46] などの懸念はいくつか存在しますが，NGS は莫大な売り上げ拡大の可能性を持っています。我々の部門も法的な問題を処理するので，特許の問題や代理店との契約について，我々の部門と緊密に仕事を行う必要がありますね。

太郎：アドバイスを有難うございます。我々は，日本そしてアメリカの特許庁に特許免許の出願や申請を既に行っています。他の国での申請手続きは早急に取り組むつもりです。全員の了承を頂ければ，この新しいプロジェクト計画を来週にでも執行委員会に提出し，その後代理人にアメリカの販売代理店との契約を起草させたいと思っております。
NGS は重要かつ革新的な製品であり，多大な財産を FPI にもたらしてくれると考えています。

はじ目：全員が[47]NGS プロジェクトを支持します。NGS が成功する鍵は，製品の大きさをどこまで小さくできるのか，どこまで電力消費を抑えることができるかにかかっています。全員が FPI 開発チームを頼りにしています。プロジェクトチームが，さらなる支援を必要とするのであれば，いつでも言ってください。

太郎：みなさん，有難うございます。今回のプロジェクトは，大規模なものに[48] なると思います。NGS が市場で史上最高の健康機器[49] となるよう全力を尽くします。チームの皆様，まだ，来週の執行委員会で発表するプレゼンテーションを準備する必要があります。やるべきことは，まだまだ沢山あります！がんばりましょう！

太郎と確認するビジネス英語表現 ③

ポイント①

Throughout this meeting, we would like to ask all of you to express your thoughts regarding ～

（このミーティングでは，～について皆様が思ったことを仰しゃって頂ければと思います。）

Chapter 3 の目的は，プロジェクトのプレゼンと説明を通して他部署のマネージャーからのサポートを受けることにあります。出席者との協力のもとにプロジェクトを進め，出された意見なども前向きに考慮・検討する姿勢を会議の冒頭で示すことは，プロジェクトに対する好感度を高めるうえでも重要な要素です。ここでは，we would like to ask all of you to ...（皆様に～して頂ければと思います）という丁寧な依頼の表現を覚えましょう。

ポイント②

First, I would like to describe the background of this new product and then explain its technical aspects.

（先ず，この製品を開発するに至った経緯を説明し，その後，技術的側面に関する説明に移りたいと思います。）

これは具体的なプレゼンを始める際の導入表現です。ここでは，プレゼンの項目内容が明確になるように流れにそってそのポイントを簡単に述べましょう。その時に使える表現例して，First, I would like to describe ..., and then explain ... という言い方を覚えましょう。最初に説明項目のポイントを整理して提示することは，聞き手が全体の枠組みを把握するうえでとても重要な要素です。

ポイント③

> The current issues we are facing are the device's size and energy consumption. We are aiming at .... To do this, we are asking for a one-year project term and an R&D budget of $1M.
> （我々が，現在直面している問題は，製品の大きさと電力消費率の大きさです。～を目標としています。これを実現させるために，一年間のプロジェクト期間と，研究開発の予算として 100 万ドルを要求しています。）

プレゼンを成功させるうえで，現在抱えている問題点を明らかにし，その対応策についての明確なビジョンと具体的なプランを提示することが説得力を高めます。The current issues we are facing are .... We are aiming at .... To do this, we .... という表現を使って説明することにより，問題点と問題解決に向けての取り組みがはっきりと分かり，プロジェクトの信頼性を高めることにつながります。

どく太に挑戦 ③

挑戦 1 では，次の問題じゃ。次の日本文に合う最適な単語を選ぶのじゃ。その理由もつけてな。

1. このミーティングでは，皆様の専門的知識と経験をもとにして新商品について皆様が思ったことを仰って頂ければと思います。

   Throughout this meeting, we would like to ask all of you to express your (1) ______ regarding this new (2) ______ based on your (3) ______ and experience.

   (a) expertise　(b) thoughts　(c) prototype

2. このミーティングは秘密厳守であり，非情報開示契約を遵守しなければいけないことをご留意ください。

   Please remember that what is discussed this meeting is highly (1) ____ and that everyone must (2) ____ with the (3) ____ agreement.

   (a) non-disclosure　(b) confidential　(c) comply

3. この会議に出席している者以外に情報を開示しないようにしてください。

   Please do not (1) _____ what you (2) _____ today with anyone other than those (3) _____ at this meeting.

   (a) learn　(b) share　(c) present

挑戦 2 左欄のビジネスでよく使われる和文フレーズの適切な英文を右欄から選ぶことができるかな。

1	先ず，この商品の背景を説明し		a	I am very happy to announce that…
2	議事項目を検討した後		b	To answer your last question,
3	嬉しい事に，～をここで発表致します。		c	First, I would like to describe the background,…
4	重要なご指摘をしてくださいました。		d	You have raised some very good points.
5	最後の質問についてですが，		e	After we go over the agenda items,…

どく太の解答と解説 ③

挑戦 1　どうじゃった？では解答と解説じゃ！

1. 正解 (1) b　(2) c　(3) a

> このミーティングでは，皆様の専門的知識と経験をもとにして新商品について皆様が思ったことを仰って頂ければと思います。
>
> During this meeting, we would like to ask all of you to express your (1) (b) thoughts regarding this new (2) (c) prototype based on your (3) (a) expertise and experience.

thoughts が「考え（思ったこと）」，prototype が「試作品（新商品）」，expertise が「専門的知識」という意味を知っていれば，それぞれの単語がどこに入るか分かる問題です。

2. 正解 (1) b　(2) c　(3) a

> このミーティングは秘密厳守であり，非情報開示契約を遵守しなければいけないことをご留意ください。
>
> Please remember that what is discussed at this meeting is highly (1) (b) confidential and that everyone must (2) (c) comply with the (3) (a) non-disclosure agreement.

これも confidential「秘密の」，comply「従う（遵守する）」，non-disclosure「非公開（非情報開示）」という単語の意味が分かれば，英文全体の流れの中で適切な場所に入れることが可能です。

3. 正解　(1) b　(2) a　(3) c

> この会議に出席している者以外に情報を開示しないようにしてくださください。
>
> Please do not (1) (b) share what you (2) (a) learn today with anyone other than those (3) (c) present at this meeting.

同様に，share A with B「B に A を話す」，learn「知る」，present「出席している」という単語の意味を知っていることが必要です。どれもビジネス会議ではよく使われる語句なのでしっかり覚えておきましょう。

挑戦 2 では，次に解答と解説じゃ。

3. 正解 1 c　2 e　3 a　4 d　5 b

1	先ず，この商品の背景を説明したいとおもいます。		c	First, I would like to describe the background....
2	議事項目を検討した後		e	After we go over the agenda items,...
3	嬉しい事に，～をここで発表致します。		a	I am very happy to announce that...
4	重要なご指摘をしてくださいました。		d	You have raised some very good points.
5	最後の質問についてですが，		b	To answer your last question,

I would like to ...「～したいと思う」，After we go over ～「～を検討した後」，I am very happy to ...「嬉しいことに～」といった，会議によく使われる言い回しを知っておきましょう。

You have raised some very good points.「重要なご指摘をしてくださいました」や To answer your last question「最後の質問についてですが」も同様に，会議では使用頻度の高い表現なのでこのまま暗記して使えるようにしておきましょう。

Chapter 4: Persuading Top Management—Executive Commitment

上層部の説得（上層部合意形成）

ミッション:

おはよう太郎君。今回の君の任務は，トップ・マネージメント（経営管理組織の最上層部）から正式にプロジェクトをスタートされるための承諾を受けることにある。ここで失敗すると今までの苦労も水の泡じゃ。今までのミーティングとは違い，トップ・マネージメントに対して細かい解説をしても相手は理解してはくれない。プロジェクトの目的，内容（施策），効果（ビジネスメリット），そしてどのようなサポートが欲しいのかを簡潔にまとめる必要がある。通常，この手のプレゼンに許される時間は長くて30分じゃ。資料は簡潔かつ細かい言葉遣いに気をつけねばならん。社内の経営幹部ともなると妖怪のようなものじゃ。ポイントのずれた内容のプレゼンを長々とすると，2度と経営幹部からのチャンスはもらえんぞ！

プレゼンの内容は常に5W2Hじゃ。プロジェクトの成功に必要な，猫，物，金の3つを得るために，What（何を），Who（だれが），Why（どうして），When（いつ），Where（どこで），How（どうやって），How much（いくら掛かる，儲かる）のポイントを網羅した適切な解説をして，会社のトップ・マネージメントからプロジェクトに対する承認とサポートを勝ち取るのじゃ!!

ポイント:

- 新規プロジェクトに関する販売戦略について，経営上層部に対して説明をおこなう。
- 新製品による会社への経営効果や，アメリカにおいて予想される初年度からの売り上げ予測と利益，そして製品販売における課題と問題点について，説明をおこなう。
- 新製品の開発から販売までに必要となるスタッフやコストについて説明をするとともに，算出する際の根拠について説明をおこなう。
- 今回のプレゼンテーションでは，下記のデータを活用し計画の妥当性を説明する。
  - 市場分析 (販売価格，プロダクトポートフォリオ（製品構成）)
  - 販売予測データ
  - プロダクト販売戦略 (目標，範囲，スケジュール)
  - 海外における流通チャンネル
  - ブランディング戦略

登場する猫

FPI エンジニア：
猫野太郎
(Taro Nekono)

FPI 代表取締役社長 (CEO):
猫野嶋蔵
(Shimazo Nekono)

FPI 業務執行役員 (COO):
猫野はじ目
(Hajime Nekono)

FPI 新製品開発本部長：
三毛野かつ男
(Katsuo Mikeno)

Chapter 4: Persuading Top Management—Executive Commitment

Chapter 4

Katsuo: ***The next topic is*** a product-development proposal[1] for FPI's next new product. Taro from the R&D[2] division ***will explain*** the new product and relevant strategies.

Taro: ***Thank you***, Katsuo[3]. Good afternoon. My name is Taro. I am a program manager in the R&D division. The R&D team has recently developed an exciting new product, Next Generation Sun (NGS), which can produce natural sunlight indoors to help cats produce vitamin D for maintaining beautiful fur without needing to go outside. NGS is based on entirely new technology, which means we have no competitors[4] at present.

---

1 製品開発の際に最初に作成する「提案書」のことです。この状況での提案書は開発に関連する企画提案になるため，技術的に掘り下げた内容になっている必要があります。

2 研究開発には実に莫大な費用がかかります。どれだけ新製品の開発に注力しているかを見ることができるように，会計報告書 (annual report) にはこの研究開発がしっかりと記述されています。

3 会社の大きさにもよりますが，アメリカの会社のこうしたビジネスシーンでは “Mr. Nekono” を使うのが普通ですが，トップをすでに以前から知っている場合など，このように気軽に声をかけることもあります。こうした呼びかけの仕方はその会社の持つ文化にも依存します。

4 日本語の「ライバル（rival)」という単語もありますが，ビジネスのシーンではあまり使われないようです。この“competitor” という言葉は，「競合」を指す場合に非常によく使われる言葉ですから覚えておきましょう。

The proposed sales strategy is to deploy the product first in the North American market through major U.S. retailers and then expand the business into Europe and Japan. ***Our plan is to corner*** the biggest healthcare market in the world namely, that of the U.S., and use the knowledge and experience we gain there for further expansion. ***Patent applications for*** NGS technology ***are currently being processed*** at patent and trademark offices[5] in the U.S., Europe, and Japan. ***We are also preparing to secure intellectual property rights for*** other markets, ***such as*** China and southeast Asia.[6]

The expected revenue from[7] sales in the North American market is roughly five million U.S. dollars in the first year, and we expect further gains from markets in other countries based on the success of the U.S. launch.

We have named the project DASH, which is an acronym for Deliver Artificial Sun to the Home.

To prepare NGS for the consumer market, we need three more development engineers, a budget of approximately[8] one million dollars, and a one-year project term.[9]

---

5 海外では特許だけでなく，会社の商標の権利に対する保護のための事前登録を取り仕切る役所があります。会社の『会計報告書』(annual report) に出てくる"goodwill"も，会社の価値として会社の周囲の評価・認知度が金額で表され，それが一つの資産としての評価要因の一つとなります。このため，特許や商標をきちんと事前登録して各国の法律で守っておくことはビジネスをする上で非常に重要な要因といえます。

6 多くのコピー製品が作られる国々は，特に，きちんと法律に則った登録をしておかないと，それらの国内で合法的に模造品が作られてしまいます。会社の売り上げはもちろん，コピーをされた製品および販売している会社の信用問題にも発展する重大事になる場合があります。気をつけてください。

7「予想益」のことで，この他にも"projected revenue"も使われます。

8 この"approximately"は言質をとられないための言い訳とも言えます。意識的にこの単語を使用することで，「将来プロジェクトのコストが考慮されるべき」であるという印象を与えるための数字の見せ方です。

9 いわゆる「人・物・金」のことです。プロジェクトを進めていく上でこれらが不十分だとそのプロジェクトは決してうまくいきません。きちんとしたプランとそのバックアップに必要なリソースの用意なくしてプロジェクトの成功は困難なものとなります。ドラマのような一発逆転劇が起きることはほとんどありません。そもそも奇跡を期待すること自体すでにプロジェクトではなく，単なる賭けとなっていることを自覚しなくてはいけないでしょう。

Katsuo: Umm...One million dollars and one year for the project. That sure is a big project. What are the projected sales after the first five million dollars? It is not easy to give permission based on such a simple, short-term forecast. ***<u>What evidence</u>***[10] ***<u>do you have to support your claims?</u>***

Taro: ***<u>Please take a look at the next slide showing</u>*** the current North American healthcare market trend.[11] Clearly, the market is growing rapidly and demand for healthcare products is getting stronger and stronger. ***<u>As you can see</u>***, the market trend shows a three percent increase[12] per month per household by 2010. Today, the average American family spends 100 times more on healthcare products than in 1995.[13] This is fueling the continuous growth in this market. Americans are quite health conscious. ***<u>Our research reveals that</u>*** most households[14] have at least one indoor healthcare machine.

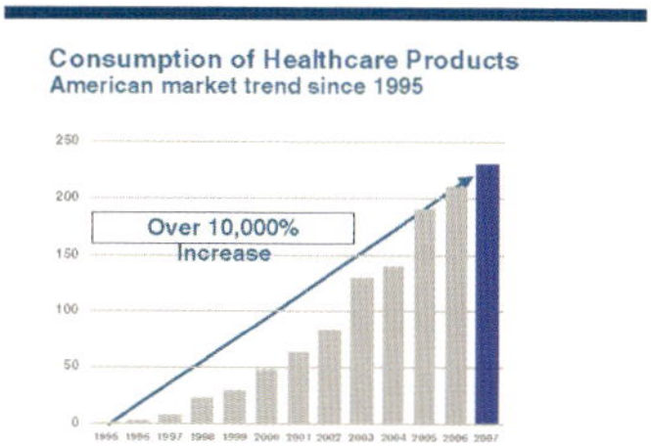

---

10 きちんとしたデータを基に break-even point（損益分岐点）等の根拠となる数字を算出し，データの裏付けをしていくことが大切です。ここに出てくる “What evidence do you have to support your claim?” は，企画に上司が興味を持ち，その根拠となる数字を求める質問です。

11 「マーケットトレンド（市場動向）」は重要な情報源です。会社が大手リサーチ会社と契約して，常に最新データが毎月手に入るようにしています。客観的かつ信頼のおけるデータを自分の資料に入れることによりプレゼンの質が大きく向上します。このマーケットトレンドデータは是非とも活用しましょう。

12 大まかな値やあいまいな言葉ではなく定量的に「何パーセントの増加」といった増減データを見せることは，聴衆に対象となる事柄の傾向性を認識させ，理解をより深めるためのテクニックのひとつです。よいプレゼンテーションとは伝えたい事実をより効果的に聴衆に聞かせ，理解させることができるものだといえます。

13 過去のデータを使った対比も効果的です。ただし，あまりにも古いデータを使うと意味がなくなってしまいます。過去 10 年から 20 年くらいまでのデータが聴衆の共感を得やすい意味のあるデータとなるでしょう。

14 「一般家庭・世帯」を意味する。“commercial product” を扱う会社では頻繁に使われる言葉です。覚えておきましょう。

Katsuo: ***Understood.***[15] ***Yet that does not mean*** they will welcome NGS.

Taro: ***Exactly***.[16] To attract American cats, the NGS needs to be reasonably priced and of compact size. Also, its energy consumption level must be approximately that of a home air conditioner. We have discussed these issues with the managers of both the marketing and sales divisions and gotten positive feedback[17] from them.

The R&D team has set targets for the NGS. These include a price of $20 K,[18] a size similar to that of a small car, and power consumption of 1000 W, 110V, about that of a small air conditioner.[19] Our budget and time-frame estimates for the project are based on what we think is needed to achieve these goals.

---

15 "Understood" はかつ男が太郎に同意していることを意味します。しかし，同時に違う観点から理由や議論をしたいということも意味しています。

16「そのとおり」といった肯定を表す言葉は英語の会話で非常によく出てきます。他にも，"absolutely"，"certainly"，"good point" など，自分の意思を相手に明確に伝える文化をもっているため，肯定・否定に関する意見は実にはっきりと表現します。日本式の会話でよく使われる，否定しているのか肯定しているのか分かりにくい言い回しは，海外でよく誤解を招きます。気をつけましょう。

17 各分野のエキスパートからすでに支持を受けているという事実は，会社上層部の支持をも得やすくします。国内外を問わず，プロジェクトを進めていく上で，政治的な駆け引きも重要な要素の一つで，十分な下準備をする必要があります。できる限り慎重かつ周到な用意を持って事を進めるようにしましょう。

18 最終的にプロジェクトの ROI（対投資効果）が明確に提示できるようにプロジェクトの提案を作ることがポイントです。客観的に見てそのプロジェクトを進めることの利点が明確化されるように，プレゼンの資料および構成をまとめましょう。

19 一般的に "air conditioner" は部屋やビルの温度調整するのに使用されます。

Hajime: Well, the product does sound fascinating, and right now FPI really needs a new product to boost revenue. It sounds worth trying, but what is the estimated profit margin[20] for the NGS?

Taro: We estimate[21] a net profit of between 30-40%. We are sure it will not go[22] below 30%. The actual overhead cost[23] of NGS is relatively low, as the product can be manufactured from fairly common parts and materials that are readily available. And since we own the core technology and will be manufacturing the product ourselves, we can control the cost and gain a strong competitive advantage.[24]

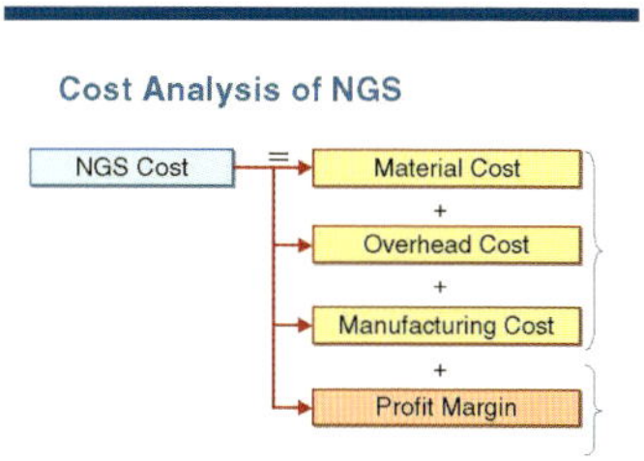

20 売り上げ上昇は大切ですが，ビジネスの世界では売り上げだけ伸びても，それが会社にとって利益 (profit) を出しているかどうかが重要です。売れば売れるほど会社に損益を与えるような場合も十分ありえます。あくまでも利益が出てこそのビジネスなのです。

21 ここで “I think” といわないように気をつけましょう。「見積もり（estimate)」は何らかの根拠を基にした予測です。つまりベースとなる数字や事実があり，それに伴う算出というときにこの estimate を使います。これにより “I think” といった個人的意見とも取れるような印象を聞き手に与えることを防ぐことができます。また，ここであえて “I” といわずに “We” といっていることにも注意しましょう。これも紹介されているデータが個人の意見ではなく，複数の人々から賛同を得たものであることを暗に示しています。主格の使い方に気をつけてプレゼンテーションを進めると，聞き手から見た内容への信頼度も向上します。“I...” という個人的意見を連想させるような言い回しはビジネスの世界では気をつけましょう。

22 この状況で “should” を使うと実際にもっと自信を持っている印象を与えることができます。しかし，まだ完全な自信がない状態の場合にはこの “will” は適当な選択です。

23「間接費，総経費」を意味する言葉です。一般には会社の利益（profit = revenue（歳入）- expense（費用））を言います。コストを正確に把握することは利益算出予想をする上で非常に重要です。

24 自社の立場を有利なところに持っていくことは重要です。“have an advantage” などの動詞を使うよりも，“gain an advantage” を使うことで，より説得力の強い言葉となります。アメリカでは，コスト削減や会社への不要な設備費を抑えるために，“OEM (Original Equipment Manufacturer/Manufacturing)” を使うことがよくあります。OEM の利点は，頻繁な製品デザイン変更等に対し設備変更等によるコストの上昇を抑えることで，受注会社へのリスクの分散等多数存在します。

As you can see from this slide, we estimate sales of over 1,000 units to approximately 0.025% of home-owning families in the U.S. But we think the potential for sales is much higher. In fact, the NGS ***should make*** FPI ***the leading company in*** healthcare products.

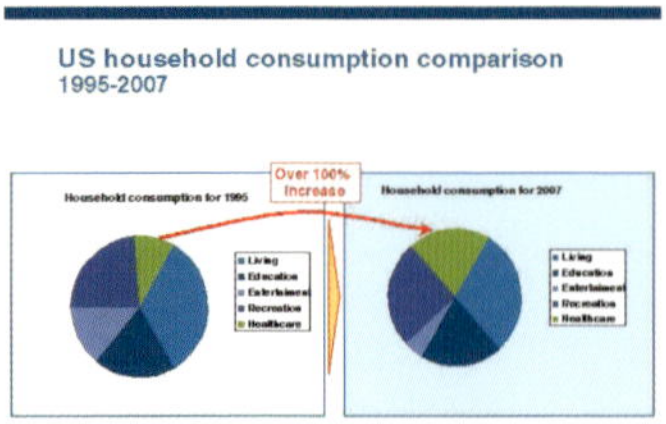

Hajime: I see. Taro, Katsuo, I would like to support the project as one of FPI's top initiatives25 for next year. Not only that, I would like to personally be involved and manage the project as a member of the PMO (Project Management Office26). Of course, the actual implementation will be the responsibility of the R&D division. Let's take this project before the senior management board27 next week. ***What do you think?***

Katsuo: ***I agree with*** Hajime.

---

25 "initiative（主導活動または施策）"は「会社の次年度の方針」等で頻繁に使われます。
26 "PMO" という役割は，プロジェクトの体制の要でもあるまとめ役の位置を補っています。PMO が主体となって各メンバーの責任と役割を明確にしていくがプロジェクト成功の鍵です。

Shimazo: ***Well done***, Taro. ***We will inform you about*** the results of next week's senior management board meeting.[28] ***Further instructions will come from*** Hajime to your manager Katsuo and to you directly. ***Is there anything else?***

Taro: ***Nothing further, sir***.[29] ***Thank you very much for your time and support!***

---

28 Senior Management Board Meeting や Board Member Meeting とは「重役会議」のことを指しています。

29 かなり年の離れた人々や初対面の相手に対してまたは公式な場では，できるだけ "sir, Ma'am" を使うようにし，相手がそれを嫌だといった場合にその呼び方をやめるほうが無難かもしれません。

Chapter 4: 上層部の説得（上層部合意形成）

かつ男：次の議題は FPI の次期新商品の開発企画[1]についてです。研究開発[2]部門の太郎さんが新製品とその戦略について説明します。

太郎：かつ男さん[3]ご紹介ありがとうございました。皆様こんにちは。太郎と申します。研究開発部門でプログラム・マネージャーをしております。研究開発チームは，最近自然な太陽光を生じさせる NGS（次世代太陽）を開発し，ねこが健康な皮膚を保つのに必要なビタミン D を室内で生成することを実現しました。現在，競合他社[4]にて NGS のような新しい技術を用いている企業は存在していません。

販売戦略としては，商品を北アメリカの主要な販売代理店を通して北アメリカの市場に展開させ，その後ヨーロッパや日本へと事業を拡大させることを考えております。我々の計画では，世界で最も大きい健康市場であるアメリカでの成功をきっかけに，そこでの知識や経験を更なる市場への展開へと繋げることです。NGS 技術の特許申請は，アメリカ，ヨーロッパ，日本の特許庁[5]で現在審議されています。さらに，中国や西アジア等の国々[6]で知的財産権を確保する準備も同時に進めております。

北アメリカの市場で予想される[7]初年度の収益は，およそ 500 万ドルであり，アメリカの市場で成功したことを機に他の国の市場からも更なる収益を期待できると考えております。

「家庭に人工太陽を提供する」という言葉の頭文字を取ってプロジェクト名を DASH と名づけました。

消費者マーケットへの NGS の展開に備えるため，我々は開発エンジニアが，さらに 3 名必要であり，約[8]100 万ドルの予算と一年間のプロジェクト期間[9]が必要だと考えています。

かつ男：フム・・・プロジェクトには，予算が100万ドルかかり，一年間もの期間を要するとなると，かなり大規模なプロジェクトになりますね。初年度の500万ドルの収益以後の収益予測（見積り）について説明をしてください。現在のような大まかな収益見通しではプロジェクトへの正式な承認は認めづらいのでね。現在のプロジェクトの見通しを裏付けるもの[10]は何かありますか。

太郎：現在の北アメリカの健康管理の市場動向を示す次のスライドをご覧ください。健康管理の市場の成長と，そして健康商品の大きな需要の拡大をご覧になることができるかと思います。ご覧の通り市場の傾向[11]としては，2010年までに1ヶ月で1戸辺り3パーセントの消費の増加[12]が見込まれています。今日，アメリカの一般家庭では1995年と[13]比べると100倍以上もの健康用品を購入しています。これは，健康管理の市場が更に成長し続けることを意味していると言えます。アメリカでは健康に対する意識が相当に高いと言えます。我々がおこなった調査によれば，多くの家庭[14]が少なくとも1つ以上の健康機器を所有しているという結果も出ています。

かつ男：なるほど。[15]しかし，だからと言って彼らがNGSを必ず購入するとは限らないが。

太郎：その通りです。[16]アメリカの消費者に受け入れらるためには，NGSの価格が手ごろな値段であり，かつコンパクトな大きさでなければなりません。また，NGSのエネルギー消費量はクーラーと同等でなければならないと考えています。これらの論点に関してはマーケティング部門とセールス部門のマネージャーと議論した上で前向きなフィードバック[17]を頂いております。
研究開発チームはNGSに関する目標を設定しており，価格を2万ドル，[18]大きさは小さな乗用車程度，消費電力は小規模のクーラー[19]と同程度の1000ワット，110ボルトに設定することを目指しております。この目標を実現するために，我々は予算とプロジェクト期間を見積もっております。

はじ目：NGS の商品コンセプトは大変魅力的であり，また FPI は収益を増大させるために新商品の開発を行う必要があるのは確かです。プロジェクトを実行に移す価値はあると考えていますが，NGS の収益率[20]をどの程度と予想しているのでしょうか。

太郎：総利益 30 パーセントから 40 パーセントと考えています。[21] 30 パーセントを下回ることはありません。[22] NGS の製造コスト[23]は一般的な部品や材料から商品を製造することができるため他の製品と比較しても低く抑えることができます。また，NGS を製造する上での中核となる技術は我々が所持していることからも，製造固定費を抑えることができ，競合会社が現れても我々が有利な立場[24]は代わることは無いと考えています。

このスライドでご覧頂けるように，大まかにアメリカの一戸建て所有家庭の約 0.025 パーセントに 1000 個以上売り上げることができると予想しています。また，売り上げはさらに上がる可能性があるとも考えております。NGS は FPI を健康機器メーカー業界において業界最大手の企業にしてくれると考えております。

はじ目：太郎さん，かつ男さん，分かりました。NGS を FPI の来年度の最優先プロジェクト[25]として扱いたいと思います。私自身もプロジェクトに関わり，プロジェクトの事務局[26]（PMO）のメンバーとしてプロジェクトをサポートしたいと思います。もちろんプロジェクトを実際に指揮していく部門は研究開発部門ですが。プロジェクトを来週予定されている経営企画会議[27]に持ち掛けましょう。みなさんのご意見をお聞かせください。

かつ男：私も，はじ目さんに同意します。

嶋蔵：太郎さん良く頑張りました。来週開かれる経営企画会議での結果について追って連絡します。他の指示ははじ目さんが，あなたのマネージャーであるかつ男さんに伝えておきますので，後日確認をお願いいたします。他に何かご意見はありますでしょか。

太郎：他にはありません。ご静聴，ご賛同ありがとうございました！

太郎と確認するビジネス英語表現 ④

ポイント ①

The proposed sales strategy is to deploy the product first in the North American market through major U.S. retailers and then expand the business into Europe and Japan.

（販売戦略としては，商品を北アメリカの主要な販売代理店を通して北アメリカの市場に展開させ，その後ヨーロッパや日本へと事業を拡大させることを考えております。）

Chapter 4の目的は，このプロジェクトについて会社のトップ・マネージメントに説明し，承認を得ることです。最初に，商品のメリットと共に販売戦略をどう考えているのかを明確に提示することが重要です。“The sales strategy is to ～”という表現を使って，極めて具体的な計画を示すことが説得力を持ちます。

ポイント ②

The expected revenue from sales in the North American market is roughly five million U.S. dollars in the first year, and we expect further gains from markets in other countries based on the success of the U.S. launch.

（北アメリカの市場で予想される初年度の収益は，およそ500万ドルであり，アメリカの市場で成功したことを機に他の国の市場からも更なる収益を期待できると考えております。）

経営陣にとって最大の関心事は，その商品がどれだけの収益を会社にもたらすことができるかということです。この点で説得できるかどうかが承認を得るうえで大きなネックになるので，具体的な数字を提示して分かりやすく論理的に説得することが大切です。“The expected revenue from ～ should be roughly ---.” といった表現を使って明確な数字を提示することが必要です。

ポイント③

"Please take a look at the next slide showing …" "As you can see, the market trend shows …." "Our research reveals that …."

(「～を示す次のスライドをご覧ください」「ご覧の通り市場の傾向としては～です」「我々がおこなった調査によれば～」)

これらは，スライドをプロジェクターに映してプレゼンテーションをする際に使う表現です。このプロジェクトが会社にもたらす大まかな利益について述べたら，次はその予測や長期的ビジョンが確実であることを示す説得力ある証拠の提示が必要です。これらの表現を使い，スライド上での図や数字を示しながらマーケットの動向やリサーチ結果を説明すると説得力ある効果的なプレゼンテーションになります。

どく太に挑戦④

挑戦 1 次の日本文に合う最適な英文を選ぶのじゃ。その理由も考えられるかな？

1. 私も，はじ目さんに同意します。（インフォーマルな場合）
   a. I too concur with Hajime.
   b. I also am in agreement with Hajime.
   c. I agree with Hajime.
2. 太郎さん良く頑張りました。（会社内で上司が部下をほめる場合）
   a. Well done, Taro.
   b. Taro, good hard work.
   c. Good job, Taro.
3. 他の指示は，マネージャーに伝えておきます。
   a. Other indications, and your manager will be told.
   b. Further instructions will be given to your manager.
   c. In the other direction, I'll tell managers.

挑戦 2 次の日本文に合う最適な単語を選ぶのじゃ。その理由もつけてな。

1. 後日確認をお願いいたします。
   Please _________ on this _________.
   a. confirm, afterwards
   b. check, later
   c. affirm, at a later date.
2. 他に何かご意見はありますでしょうか。
   _________ there _________ else?
   a. Is, anything
   b. Are, opinions
   c. Are, suggestions
3. ご静聴，ご賛同ありがとうございました！
   Thank you very much for your _________ and _________.
   a. listening, agreement
   b. time, support
   c. attention, approval

どく太の解答と解説 ④

挑戦 1 どうじゃった？では解答と解説じゃ！

1. 正解 c

a. I too concur with Hajime.

面と向かった会話では，concur という動詞はフォーマル過ぎます。too も不自然な場所に置かれています。

b. I also am in agreement with Hajime.

この表現も会話では堅く，フォーマル過ぎる印象を受けます。また also も be 動詞の前に来ていて間違いです。

c. I agree with Hajime.

これが自然な言い方で正解です。

2. 正解 a

a. Well done, Taro.

これがビジネスの場では自然な表現であり，正解です。

b. Taro, good hard work.

これは日本語の意味を直訳したような表現であり，英語では意味も「なかなか大変な仕事だ」となり間違いです。

c. Good job, Taro.

とても親しい相手であれば可能な表現ですが，仕事上の人間関係の中で使われる表現としてはインフォーマル過ぎてふさわしくありません。

3 正解 b

a. Other indications, and manager will be told.

日本語の語順のまま訳したようで誤った英語表現になっています。

b. Further instructions will be given to your manager.

正解です。主語と述語の関係がしっかりしている英文になっています。

c. In the other direction, I'll tell manager.

語順が不自然で異なる方向で，「私はマネージャーに伝える」という意味不明な英文になっています。

挑戦 2 では，次に解答と解説じゃ。

1. 正解 b

後日確認をお願いいたします。
Please check on this later.

前置詞 on とのつながりで check が適切な単語になります。a の confirm も c の affirm も on とはつながらず，間違った英文になってしまいます。

2. 正解 a

他に何かご意見はありますでしょうか。
Is there anything else?

語法的に anything else しかありえず，opinions else や suggestions else という言い方はしません。

3. 正解 b

ご静聴，ご賛同ありがとうございました！
Thank you very much for your time and support!

b の言い方が会議などで使われる自然な表現です。a の listening agreement も c の attention approal も言いたいことは伝わりますが，不自然でぎこちない表現になってしまいます。

Chapter 5: Reporting on New Product Development—From R&D Report

新製品開発の報告（技術研究所より）

ミッション:

おはよう太郎君。前回の経営幹部会はご苦労様。ついに正式なプロジェクトとして始まったようじゃな！おめでとう。さて，そこで今回の君の任務は，リサーチ＆デベロップメント（以下，R&D）からあがってくる新製品に関する報告に対し，プロジェクトマネージャーとして明確なミッションと方向性をもって，NGS プロジェクトを遂行することにある。技術陣はえてして物事を白か黒に分けて考えがちじゃ。凝った技術に暴走する技術陣の機嫌を損ねないように，プロジェクトをまとめるのもプロジェクト・マネージャーの仕事。つねに，ビジネスまた開発中の段階にて新機能の追加等，色々な注文や当初想定していなかったような製品への付加価値への誘惑が出てくる。

プロジェクト成功の秘訣は，最初に決めた目的と対象範囲から実際のプロジェクトがずれないようにプロジェクト・マネージャーの君がしっかりとした方向付けを行うことにある。全ての要求を取り入れていたらプロジェクトは成功せんぞ！1 年という期間で当初の目的を達成するには，プロジェクトの成功のために本当に必要なものだけを吟味，実践することにある。

なーに！良い案が出てきたならば，次のプロジェクトをフェーズ 2（第二段階）として実施すればよいのじゃ。とにかく，欲を出してあまり多くのことに手を出さぬようにな！

おお。言い忘れていたが，技術陣はえてして石頭が多い。彼等のプライドを逆なでせずに，上手に仕事を委任してプロジェクトを成功に導くのじゃ。行け！太郎君。

ポイント:

- NGS のプロジェクト状況の進捗報告を技術陣より受ける。
  - 技術情報
  - 特許出願手続
  - 製品仕様
  - デザイン
- 新製品の仕様とデザインに関する課題や問題点について報告を受ける。
- 技術陣から出された新製品に関する課題，問題点や苦情を上手に処理する。
  - 技術陣から出る新たな提案のうち，プロジェクトの目的や対象範囲に合うものだけを採用する。
  - プロジェクトチームに対して，経営上層部向け報告資料作成の指示を出す。

登場する猫

FPI エンジニア：
猫野太郎
(Taro Nekono)

FPI 代表取締役社長 (CEO)：
猫野嶋蔵
(Shimazo Nekono)

FPI 業務執行役員 (COO)：
猫野はじ目
(Hajime Nekono)

FPI 技術研究所所長：
猫野どく太
(Docta Nekono)

FPI 新製品開発本部長：
三毛野かつ男
(Katsuo Mikeno)

FPI 技術研究所技術主任：
猫野缶
(Kan Nekono)

FPI 技術研究所：
猫仁小判
(Koban Nekoni)

FPI 技術研究所：
猫仁まさ
(Masa Nekoni)

Chapter 5: Reporting on New Product Development— From R&D

Chapter 5

Taro: ***<u>Now that everyone is here, I would like to start</u>*** today's meeting. ***<u>Today's topic is</u>***[1] the DASH status update. It's already been one month since we kicked off the actual development project. First, I would like to have an update from the development team. Kan?

Kan: Yes. Based on the prototype you and Doc made, the technical team has been working toward the NGS target size of 1.5 × 2m and power consumption of 220 V, 2000 W. We've gotten it down to 2 × 4 m and 500 V.
But due to the power requirements of the artificial sunlight technology, we are having problems with the power source. It is almost impossible to produce the required energy with consumer or public electric power. The converter requires condensers of quite a large size. So we are thinking about switching to another power source such as gasoline.

<u>Another issue is</u> the price of the optical fibers. Due to the size and power consumption of the NGS, the machine needs to be set up outdoors. This means the glass fiber would need to be a minimum of 20 meters in length. Now, glass fibers are quite expensive. Based on our calculations, the cost could come to over $5,000 per room. In addition, each end of the fiber requires a special projector, which costs $2,000 a piece. Setting up the machine outdoors also means that it has to be waterproof and equipped with cooling devices.

---

1 "today's agenda" 等言い方は様々ですが，会議の前にまず本日の議題を先に言うことがポイントです。これにより聞き手はこれから何について話すのかを再認識することが容易にできます。

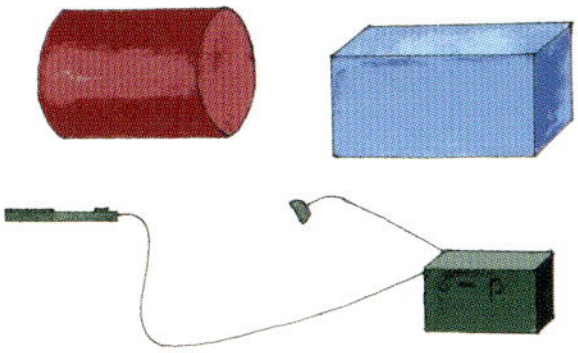

Now the original plan was for the NGS to be used indoors—inside a garage, for example. But due to the size, energy source, and noise issues, we strongly recommend changing the design from an indoor device to something like what you see here.

By changing the specifications and design, however, we can add another feature or function to the NGS. Koban has suggested it can be used as a secondary light source for the garden.

Koban: Indeed. NGS produces natural sunlight. This would allow people to deliver sunlight to their garden even at night. In addition, by changing the power source to gasoline, NGS can serve as an emergency light source in case of a power outage.

Taro: ***This is indeed a very interesting idea***,[2] ***but I'm afraid it goes a bit beyond the original scope of the project***.[3] We can consider expanding the project only after we have first managed to stabilize the NGS business. So ***let's stick with the original project plan for now***. ***Our goal***[4] ***is*** to make our natural sunlight machine a big seller in the healthcare product market and the company's flagship product. The machine will provide natural sunlight indoors to help cats produce vitamin D to maintain beautiful fur. To achieve this goal, the power source has to be something available in the average home, and the size of the machine cannot be more than 1.5 × 2.0 meters. In fact, it should be even smaller if possible. Needless to say, its design must be attractive, something that consumers[5] will want to have in their homes.

---

2 太郎はここではまず相手の提案に対して肯定的に評価していることを明確にしています。これで相手に自分の言った事を聞き手がちゃんと聞いているという好印象を与えることになります。

3 プロジェクトの進行に伴い，期間が変更されることはよくありますし，変更がないプロジェクトのほうがむしろ珍しいかもしれません。ここでのポイントはプロジェクト責任者が，責任者として，その変更がプロジェクトの本質や主旨から逸脱しないかどうかを見極めることです。周囲から様々な介入を受け，すべての「良いとこ取り」を続けていると，プロジェクトの根本にあった当初の目的から外れたものとなってしまい，そのプロジェクトが失敗してしまうことがあります。

4 プロジェクトの目的からブレないことが重要であることを説明しましたが，そのためにはプロジェクト責任者一人が努力しても完全とはいえません。プロジェクトの目的と目標をこまめにプロジェクトメンバーと共有し，再確認させることが大切です。このように，プロジェクトの途中で出てきた良い案は記録しておいて，プロジェクトの次の段階で，あるいは，そのプロジェクトが終わった後に，別のプロジェクトとして実行すればよいのです。

5 前述しましたが customer と consumer は同じようですが微妙に異なります。顧客 (customer) の要望を調査し，それに適合するような製品を作らなければ，消費者 (consumer) が真に求める製品を作ることは困難です。消費者の求める製品を作らないと販売業績は上がりません。これは万国共通で，お客様が求めているものに関して市場動向を綿密に調べ上げ，それに即した製品化を進める必要があります。

Koban: But this is a technology issue[6]. Besides, the idea of using NGS in disaster situations is great. We would be able to immediately market such a product all over the world. I bet it will make tons of money for FPI.

Taro: ***I totally understand the possibilities and they sound very attractive***. ***But we must not lose our focus*** on the original project goal. I will take your suggestions and prepare a Phase 2 project proposal for the NGS. But right now, we need to stick with the original plan. As long as we acquire the NGS patent worldwide, no one will be able to use the technology without our permission. By the way, what is the update on the patent applications?

Koban: FPI has already received a patent for NGS in Japan, the U.S., Canada, and most of the EU countries. I am currently working on other countries. The approval number in Japan is "JP-987654321-B1," which is an undisclosed patent. In the U.S., the number is "US-88888888-A." It has already been approved. In Canada, "CA-777777-A" has also gotten approval. EU "EP-666666-B1" has gotten approval as an undisclosed patent.

Taro: ***Well done***, Koban. Please continue with the patent applications in other countries. What is the cost of the patent work[7] so far?

---

6 プロジェクトを進める上で，技術陣と経営陣の考え方の違いがトラブルを生むケースがあります。技術者たちは，現在の技術をベースに，新製品や新技術の作成が出来るのか出来ないのかを判断します。これに対して経営陣は，現在存在しないものや，出来ていないことを可能にする新しいことを常に要求します。プロジェクト責任者はこれらのギャップを調整するのも仕事のひとつです。

7「特許申請」は新技術開発の際に非常に重要な要素ですが，弁護士費用，特許申請費用等，非常に高額な費用がかかり，プロジェクトの費用超過の原因となる頭の痛い問題となる事があります。しかしここできちんと法的な対応をしておかないと，せっかくの技術を他社に合法的に盗られてしまうことがあるのも前述しました。法律による技術の保護は後々の問題を避けるためにも，特に細心の注意を払うべきでしょう。

Koban: Well, I only have a rough estimate for the current cost, but it is approximately $90,000.

Taro: I see. Please make an official report by the time of the next meeting for the executive status updates. ***Now, let's get back to*** the technical issues. I would like to remind you one more time. ***The main objective of this project cannot be changed without steering committee approval***. ***If we lose focus***[8], we will lose control[9], and the project can easily fail. Doc, do you have any good ideas on how to resolve the current technical issues?

8 focus, concentration 等プロジェクトには集中力が大切です。最初に設定した目的からズレないことこそがプロジェクト責任者には大切です。後追いで見つかる利点はあくまで副次的で，それはプロジェクトの成功または失敗の要素とはなりえません。プロジェクト責任者としての成功とは，請け負ったプロジェクトを当初の目的からブレることなく，時間内に求める結果を伴って終了させることです。本来のプロジェクトの焦点とは関係のない，もしくは，当初の時点で予測されていなかった利点が後から見つかっても，プロジェクト責任者としての評価には直接的につながるべきではありません。「本来のプロジェクトの範囲はまったく満たしていないが，何とか体裁を整えて終了させた」という結果を出すことは，プロジェクト責任者としては失敗したといわれても否定できません。もちろん，二次的に見つかった良いアイデアはプロジェクトの範囲を再調整することによって提案可能ですが，いずれにせよ本来のプロジェクト範囲を忘れない事が大切です。

9 プロジェクト責任者の仕事は，請け負ったプロジェクトの管理・制御をすることです。プロジェクトをうまく管理している時は良いですが，最悪なのが，プロジェクトが制御不能（out of control)となることです。一度制御不能となったプロジェクトの建て直しは，新規で別のプロジェクトを立ち上げるより大変なことが多いです。プロジェクト責任者としてプロジェクトを常にうまく管理出来るようにしましょう。

Doc: Umm… Power generator, cooling device, noise reduction, and glass fiber…

I've recently read some articles that may be useful for resolving these issues. Let me double-check[10] the data and work together with the technical team this week. I think we can come up with some solutions[11].

Taro: ***Superb***[12], Doc. ***I suggest we have*** weekly update meetings[13] from now on until we resolve these issues. I will send the meeting notice out right after this meeting. ***Does anyone else have anything else to share***?

< No response.[14] >

Taro: Okay, everyone. ***Thank you for your input***. I will e-mail you today's meeting minutes and the weekly meeting notice. ***Keep me posted*** about any new concerns or questions. ***Let's keep the project on track***![15]

10「もう一度確認」というときに使われる言葉です。“double confirm” とも言い換えられます。

11 物事を前向きに考える事がプロジェクトの成功につながります。後ろ向きな考えや，悲観的な考え方をするのは勧めませんが，楽観的すぎるのもそれはそれで問題です。あくまで慎重かつ前向きにプロジェクトを進めたいものです。

12 英語では同じ意味を表す同意語が非常に多いです。これらを上手に使いこなすと聞き手の注目をより集めやすいことがあります。「素晴らしい！」という単語は他にも “excellent”，“wonderful”，“great” 等があるので使い分けたいですね。たくさん用意された単語の中にも，男性が好んで使うものと女性が頻繁に使う言葉（女言葉）のようなものもあります。もちろん，これらは辞書に明確に定義されていませんが，ビジネスの現場では，“wonderful” は女性が好んで使う傾向にあり，男性は “excellent”，“superb” 等が多いかもしれません。この他にも，女性は可愛いと言う場合 “adorable”，“pretty” を使いますが，男性は “cute” や “lovely”，“cool” といった単純な単語を使う傾向が見られることも興味深いです。

13 アメリカでは，“weekly，bi-weekly，tri-weekly，monthly, annual meeting” といった日程に合わせて「定例会議」の呼び方を使い分けます。

14 この場合には言語上の表現がないだけで，「頭を振る」などのジェスチャーによるコミュニケーションが取られています。

15 “keep on schedule” 等頻繁に使われる言い回しですので是非とも覚えておきましょう。会話に広がりが出てきます。

Chapter 5: 新製品開発の報告（技術研究所より）

太郎：では全員が揃ったようですので本日の会議を始めたいと思います。本日の議題は，[1]DASH の進捗報告についてです。プロジェクトを実際に開始してから既に一ヶ月が経ちました。先ず，開発チームから進捗報告を受けたいと思います。缶さんお願いできますか。

缶：はい。太郎さんとどく太が制作した試作品に基づき，技術チームは大きさ 1.5 × 2 メートル，エネルギー消費量 220 ボルト，2000 ワットを目標値として製品の開発に打ち込んできました。現段階では 2 x 4 メートル，500 ボルトのところまで来ています。しかし，人工太陽光線を生成する技術が要する消費電力問題に頭を悩ましています。必要なエネルギー消費量を一般家庭の電力で生成するのは不可能に近いでしょう。変換機は巨大な変換器機を必要とします。電力をガソリン等のものに切り替えることができないか，他の案も含めて検討している段階です。

もう一つの問題は光ファイバーの値段です。NGS の大きさと消費電力により，NGS は屋外に設置されなければなりません。つまり，必要となるグラスファイバーの長さは最短でも 20 メートルは必要になります。しかしながら，グラスファイバーは高額な素材です。我々の算出によると，一部屋 5000 ドル以上かかることになります。さらに，全てのファイバーの端には特殊なプロジェクターが必要となり，それぞれ 2000 ドルかかります。機械を屋外に設置するということは，防水加工が施され冷却機が完備される必要もあります。

当初の予定ではガレージ等の室内で使用することを想定していました。しかしながら，大きさ，電源，騒音問題から，室内に必要な機器の設計を，次に示す資料のようなもの（PPT を見せながら）へと変更することが必要であると考えております。

仕様と設計を変更することによって，小判さんは，現行の機能に新しい機能を加えることで，庭で利用できる補助照明を提案しました。

小判：その通りです。NGS は太陽光を生成します。これよって，夜にも太陽光を庭に浴びせることができます。さらに，電源をガソリンに変えることによって電力不足の際に NGS が緊急時の光源ともなり得るのです。

太郎：とても面白いアイデアだとは思います[2]が，スタート時に想定し[3]ていたプロジェクトの範囲を遥かに超えています。NGS 事業を安定させることができた後に，事業をさらに拡大することを考える余地が出てきた段階で，そのアイデアについては検討しましょう。現段階では，当初のプロジェクト計画に専念しましょう。我々の目的は[4]自然な太陽光線を作り出す機械を健康機器の市場でヒット商品にまですることです。NGS は，美肌を保つためのビタミン D を生成する助けとなるために，室内で太陽光線を生じさせます。この目的を成し遂げるためには，電力は一般家庭にあるものでなければならず，大きさは 1.5 × 2 メートルを超えられません。実現できるのであれば，さらに小さくした方が良いでしょう。また，消費者が家庭に置きたいと思えるような魅力的なデザインでなければなりません。

小判：しかし，これは技術的な問題[6]だと考えています。また，NGS を災難時に使用するといった，アイデアについても良い考えだと思います。このような商品はすぐにでも世界中で販売することができるでしょう。そうなれば，FPI の収益を上げてくれることは間違いないでしょう。

太郎：私も可能性に関しては全く同感ですし，とても魅力的だと思います。しかし，当初のプロジェクトの目的を忘れてはいけません。各メンバーから出た提案については，プロジェクトの次のフェーズを準備し対応していきたいと考えています。現段階では当初のプロジェクトの目標と計画に専念しましょう。全世界にて NGS の特許を取得しておけば，我々の許可なくしてその技術を他の企業が使用することはできません。ところで特許の申請に関する状況はどのようになっていますか。

小判：FPI は NGS の特許をすでに，日本，アメリカ，カナダ，ヨーロッパのほとんどの国々で得る事ができました。他の国については，現在，出願を行っている段階です。日本での認可番号は「JP-987654321-B1」です。これは未公表特許となっております。アメリカの特許は既に認可されていて「US-88888888-A」です。カナダでも既に認可されており，認可番号が「CA-777777-A」です。ヨーロッパでは未公表特許であり，番号は「EP-666666-B1」になります。

太郎：小判さんご苦労様です。他の国への特許出願[7]を継続してください。今までの特許出願に要した費用はどの位ですか。

小判：今までにかかった費用はおよそ9万ドルです。

太郎：そうですか。最新状況を報告する次回の取締役会までに正式な報告書を作成しておいてください。さて，技術的問題の話に戻りましょう。もう一度確認したいのですが，プロジェクトの第一目的は運営委員会の承認がなければ変更できません。プロジェクトの焦点[8]をずらし始めると，制御不能となり，[9]プロジェクトが失敗に終わる可能性が高くなってきます。どく太さん，現在抱えている技術的な問題を解決する良い方法はないのでしょうか。

どく太：そうですね・・・。発電機，冷却機，騒音削減，ファイバー・・・。最近，これらの問題を解決するのにお役立つかもしれない記事について読んだことがあります。それに関する情報をもう一度確認[10]し，今週中に技術チームと一緒に良い案を検討したいと思います。必ず，何か良い解決方法[11]が存在すると思います。

太郎：どく太，すばらしい。[12]この問題を解決するまでの間，毎週進捗会議[13]を行ってください。この会議が終了した後，会議の案内を各メンバーに送りたいと思います。他に何か意見がある方はいますか。

（無反応）[14]

太郎：本日は，プロジェクトへのご意見ありがとうございました。今日の議事録と来週の会議の通知を後ほどメールで送るようにします。ご質問やご懸念は随時私宛に送るようにしてください。では，当初の計画どおり続けていきましょう！

太郎と確認するビジネス英語表現⑤

ポイント①

This is indeed a very interesting idea, but I'm afraid it goes a bit beyond the original scope of the project.
（とても面白いアイデアだとは思いますが，スタート時に想定していたプロジェクトの範囲を遥かに超えています。）

Chapter 5 の大きなポイントは，開発部から上がってきた報告に対し，基本方針と照らし合いながらしっかりと対応することです。ポイント①では，報告が基本方針からやや逸脱している点を相手に伝える表現です。ここで大事なことは，まず相手の意見をしっかり誉めることです。そしてその後に I'm afraid や a bit という表現を使って文全体を少し和らげながらも，しっかりと相手に自分の考えを伝えるという方法を身につけましょう。

ポイント②

I totally understand the possibilities and they sound very attractive. But we must not lose our focus on the original project goal.
（可能性に関しては全く同感ですし，とても魅了的です。しかし，当初のプロジェクトの目的を忘れてはいけません。）

ここでのポイントもポイント①で説明したことと同じです。相手からの報告に反対するような意見を伝えなくてはならない場合，相手の意見を立てたうえで，しっかりと自分の意見を伝えましょう。we must not ... という強い表現を使って自分の主張を伝える必要がある場合でも，誉め言葉を加えることによって，文全体が緩和され，相手の気持ちを和らげることが可能です。

ポイント③

> The main objective of this project cannot be changed without steering committee approval. If we lose focus, we will lose control, and the project can easily fail.
> （プロジェクトの第一目的は運営委員会の認可がなければ変更できません。プロジェクトの焦点をずらし始めると，それが度重なり，プロジェクトが失敗に終わる可能性が高くなってきます。）

ポイント③は，最終的な確認として再度本来の目的を見失わないよう注意を喚起する表現です。まず本来の基本方針はよほどのことがない限り変更は難しいこと，さらにその目的を忘れることがプロジェクトの失敗につながってしまうことを，説得力をもたせて伝えることが大切です。“The main objective of this project cannot be changed without ...” や “If we lose focus, ... the project can easily fail ...” という表現を覚えて使えるようにしましょう。

どく太に挑戦 ⑤

挑戦 1 次の日本文を英文で表現するために一番ふさわしい順番に並べ替えてみなさい。

1. コストの 10% カットを目標として開発に打ち込んできました。
   (1) a 10% reduction　(2) toward
   (3) has been working　(4) the team　(5) in cost

2. 仕様を変更することによって，新しい特徴を加えることができます。
   (1) a new feature　(2) by changing
   (3) the specifications　(4) can be added

3. 可能性はとても魅力的ですが当初のプロジェクトの目的を忘れてはいけません。
   (1) but we must not　(2) the possibilities（文頭）
   (3) on the project goal　(4) lose our focus　(5) are very attractive

挑戦 2 次の日本文に合う最適な単語を選ぶのじゃ。その理由もつけてな。

1. 全員が揃ったので始めたいと思います。
   As everyone is here, [a. let us begin b. I would like to start c. we want to commence].

2. 当初の計画に専念しましょう。
   Let's stick [a. with b. for c. by] the original project plan.

3. 当初の計画からそれないでください！
   Let's keep the project [a. to b. with c. on] track!

どく太の解答と解説 ⑤

挑戦 1　どうじゃった？では解答と解説じゃ！

1. 正解 (4) - (3) - (2) - (1) - (5)

> コストの 10% カットを目標として開発に打ち込んできました。
> The team has been working toward a 10% reduction in cost.

日本語の文には “the team”（そのチーム）という主語がありませんが，「打ち込んできた」という現在完了進行形の語句 “has been working” の述語に対する主語として “the team” から始めることが第一歩です。次に，「コストの 10 %カット」が “a 10% reduction in cost” というつながりができれば，「目標として」にあたる前置詞 “toward” で述語につなげて文を完成することができます。

2. 正解　(2) - (3) - (1) - (4)

> 仕様を変更することによって，新しい特徴を加えることができます。
> By changing the specifications, a new feature can be added.

「変更することによって」に当たる “by changing” で文が始まることが決まっているので，その後に「仕様」という意味の “the specification” をつなげます。次に主文の主語である“a new feature”「新しい特徴」と述語の “can be added”「加えられることができる」をつなげれば文の完成です。日本文では，主語「私たちは」が省略され，「加えることができます」と能動形になっていますが，英文のように「新しい特徴」が主語になる場合には，述語は受身になることに注意しましょう。

3. 正解 (2) - (5) - (1) - (4) - (3)

> 可能性はとても魅力的ですが当初のプロジェクトの目的を忘れてはいけません。
> The possibilities are very attractive but we must not lose our focus on the project goal.

まず「可能性はとても魅力的である」という文を “the possibility” と “are very attractive” という語句をつなげて作ります。次に「プロジェクトの目的を忘れてはいけません」に当たる文を残りの語句で作るとすると，「しかし私たちは，プロジェクトの目的から焦点をそらせてはいけません」になると考えられ，“we must not lose our focus on the project goal” という文を作ってつなげれば，全文が完成します。日本語では，「私たち」といったような予測可能な主語は省略されることが多いので注意しましょう。

挑戦 2 では，次に解答と解説じゃ。

1. 正解 b

> 全員が揃ったので始めたいと思います。
> As everyone is here, [a. let us begin b. I would like to start c. we want to commence].

「始めたいと思います」の省略された主語は「私」と考えるのが自然で，丁寧な表現の “would like to” を使っているという点でも b が最も適切な表現といえます。a の let us begin は共同で何かを始める時に使う表現であり，c は “commence” という単語がフォーマル過ぎて堅い表現となっています。

2. 正解 a

> 当初の計画に専念しましょう。
> Let’s stick [a. with b. for c. by] the original project plan.

「専念する」という意味で stick with が正解です。stick by は「見捨てない，守る」という意味であり，stick for は語法的にも不自然で使われない表現です。

3. 正解 c

> 当初の計画からそれないでください！
> Let’s keep the project [a. to b. with c. on] track!

keep on track「予定通りに進める」という慣用表現を覚えておきましょう。語法的に keep to track や keep with track といった使い方はしません。

Chapter 6: Selling New Product to Retailer—New-Product Campaign

販売代理店への新製品販売（新製品キャンペーン）

ミッション:

おはよう太郎君。長きにわたる開発も終わり，とうとうNGSの製品化までこぎ着けたのぉ。思えば苦しい道のりじゃった。NGSはもはや君の子供も同然じゃろう。丹精こめた製品は売らねばならん！

さて，今回の君の任務は，新製品のキャンペーン戦略，NGSのセールス・ポイントやマーケティングの戦略，販促活動の説明を販売契約を結んだ代理店に行い，彼らのサポートを得ることにある。ただ代理店との販売契約を結んだだけでは絵に描いた餅じゃ。彼等のやる気を奮い立たせ，アメリカでの販売を一気に加速させる必要がある。何事も最初が肝心じゃからな。

アメリカでは製品を売る代理店にきちんとしたインセンティブ（販売奨励金）を与えないと彼らも売る気になってくれん。送った製品が倉庫に山積みではせっかくの苦労も台無しじゃからな。行くのじゃ！太郎君。

ポイント:

- 販売計画を結んだ代理店に対して新製品の販売戦略を説明する。代理店に対して新製品の説明（機能，販売価格，セールスポイント）を行う。
- 競合他社製品と比較した場合のメリットとデメリットについて説明を行う。
- 売上高500万ドルを想定した代理店への販売奨励金プログラムについて説明を行う。

登場する猫

FPI エンジニア：
猫野太郎
(Taro Nekono)

American Cat Corp. (ACAT)
代表取締役社長 (CEO)：
マイケル　ミアオ
(Michael Meow)

Fred Fur Corpo. ltd.
代理店社長：
フレッド　ファー
(Fred Fur)

See Ya Kitty Inc.代理店社長：
ゲリー　グラウル
(Gary Growl)

Rebate, Award

Taro: Ladies and gentlemen. My name is Taro Nekono and I am with[1] FPI Corporation. I am one of FPI's new-product development managers. ***Thank you very much for coming to*** today's FPI new-product introduction[2] (NPI) meeting. As we stated in our invitation letter, FPI has an important announcement. ***I am pleased to announce*** our exciting new product, the Next Generation Sun (NGS). (*slide show of NGS with specs*)

The NGS is a home appliance that can produce artificial sunlight to help cats produce the vitamin D that we need to maintain our beautiful fur.

The sales points of[3] the NGS are:

- It is only 2 × 4 × 3 feet in size, about the size of a medium-sized home appliance.
- It uses only 5.9 amperes of electricity, about that needed to power a medium-sized refrigerator.
- In a normal-sized living room, it can deliver artificial sunlight of about the same strength as natural sunlight. The strength of the light is adjustable.
- It is priced at $15,000, about the same as a compact car.

1 "I am with..." は "I work for..." という意味で使われます。

2 「新製品発表 (New Product Introduction)」のことでよく接頭語を取って "NPI" と呼びます。

3 長々と文章を書くより，アメリカではポイントを簡潔にまとめるために箇条書きを使う手法が良く取られます。その場合には，すべての文章の態をそろえる必要があります。例えば最初が動詞始まりの場合には，続く文すべてを動詞始まりに揃えるようにします。その際に効果的な単語を使うことにより，聞き手に伝えたいことを効果的に伝えることが出来ます。それぞれの時制を揃えることも大切です。

Please refer to the specifications sheet for detailed information. (Spec sheet)
In short, the NGS is a wonderful way to get a sunbath right inside your home. You no longer need to go outside for sunshine.

NGS Product Specification

Features	Title
Model Type	NGS Artificial Sun Ray – Prestige Lounge type-S
Power and Inputs	450kWh per year, 100-240V 5.9A
Size and Weight	2x4x3(H), 250kg
Body Design	Aluminum alloy body with micro-effect varnished finish, plain high-gloss or the especially high-grade luxurious metallic effect finish with LED display
Light Penetration	1.5 meters high for the 180cm wide
Lighting and Penetration	40 UV lamps with life of 10,000 hours, 1.5m high for the 180cm width
Operating Temperature	-10°C to +210°C
Warranty	2 year warranty with 24x7 Customer support

You can get all the benefits of a sunbath while watching TV, washing the dishes, relaxing on the couch. Everyone can enjoy the benefits of the NGS and enhance the beauty of their fur.
The R&D team is confident that the NGS will be a pioneer in the North American healthcare products market. While the number of healthcare products on the market continues to grow, no other company has come up with such an innovative product as the NGS. FPI's NGS and ACAT's retail distribution channel ***will prevail***[4] ***over any competition***[4] and ***I am certain of our collaborative success***.[5]

Gary: ***Sounds good!***

4 ただ "win" という言葉を使うのではなく，時には "triumph"，"prevail" 等，スピーチにインパクトを加えるような単語を入れて，聞き手の興味を引くようにします。ただしビッグワードを連発すると薄っぺらいスピーチとなってしまいますので注意が必要です。あくまでも適度となるようにすることが肝要です。

5 チームの皆の協力の上で成り立つ成功であることを強調することが必要です。チームワークはプロジェクト成功の基本です。

Taro: Here is today's agenda[6].

New Product Campaign
- Today's Agenda

1. New Product "NGS-Artificial Sun Ray" Announcement
2. FRI and ACAT: Sales Strategy for North America
3. Product Sales Forecast
4. Contract and Services Support
5. FAQs and Further Contact Information

Based on an exclusive contract between FPI and ACAT, no other retailer but ACAT will be able to sell the NGS in North America. ***Your mission***[7] is to sell as many NGS units as possible.
To support your sales, we will kick off marketing promotions such as TV commercials on the seven major cable channels, CNN, NBC, and other major TV channels. We will also place advertisements in major sports and fitness magazines.
We have prepared a consumer-friendly specifications sheet to back up your sales activities. The sales catch phrase[8] we are thinking of goes something like "Stay Home and Stay Beautiful—Inside and Out!" What do you think?

Gary: Ha ha ha. That's a good one.[9]

---

6 日本人とアメリカ人の大きな違いの一つに話を組み立てる論理の展開があります。「起承転結」で話を進める日本人が多いのに対し，アメリカ人は「1，2，3 ～」と言うように，話に順を追って説明することが多いです。このため，順序が狂った話の進め方や，突然話がジャンプしてしまうと，話がまったく通じなくなる場合が多いのも事実です。アメリカ人には「察する」という日本人的な考えはないのかもしれません。このため "hunch" や "guess" といった事実に基づく根拠のないものは信ずるに値しないものと判断されることもあります。単に "guess" とは言わず，"educated guess" というように何らかの根拠があるということを強調した言い回しをします。また "agenda" はこれから何について話をするかを事前に聞き手に認知させるために非常に重要です。前述したように，いきなり話題に入ると察する文化のないアメリカ人は，何を説明されているのか突然のことでついていけず，話がかみ合わないことが多くあります。順を追って丁寧に説明することを心がけてください。

7 アメリカでは相手に何をしてほしいかを明確に伝えなくてはいけません。正しく目的や使命を伝えないと日本では考えられないような結果となってしまうこともあります。clear（明確）かつ concreate（簡潔）に伝えることが大切なのです。

8 「セールスキャッチ」はアメリカでよく使われます。日本語でも聞き手に心地よく響くフレーズがあるように，英語やその他の言語にも同様なフレーズは存在します。"in-n-out" は "in and out" の短縮されたものですが，これは "rock-n-roll" と同様です。

9 セールスでは「それはいいね」というときによくこのフレーズは使われます。

Taro: FPI is expecting sales of 50 units in the first quarter and average sales of 50 units per month per quarter[10] by the end of this fiscal year. Considering the specs and quality of the NGS, I think we can definitely make this happen.

Fred: Sir, ***I have some questions***. The price you have set is $15,000. What about the retail price[11] and discount rate? Will there be any bulk discounts?

Taro: ***Good questions***. Although, the standard price for the NGS is $15,000, the actual retail price will be 70% of that. FPI has agreed that ACAT can set a price schedule based on its own needs. In addition, in case of a bulk order of over 1000 units, FPI is prepared to give[12] an additional 10% discount.

Gary: What about the product warranty[13] and customer support?

10 外資系の会社では quarterly（四半期制）で会社の売り上げ結果をまとめるところが多いです。これは US GAAP (Generally Accepted Accounting Principles) に基づく，会計法律上の制約慣例です。株式会社は出資者である株主に，常に会社の経営状態を透明にし，報告することが義務付けられています。期毎に売り上げ結果を出すことは会社の経営判断を迅速にする上でも役立ちます。ある会社では 1 時間おきに売上報告が報告されています。大変な労力を要求される作業ですが，現代の会社経営には，それだけ情報に対する迅速な対応が要求されるということでしょう。

11 「小売価格」のこと。この他にも「標準価格 (standard price)」,「割引率 (Discount Rate)」等はセットで覚えておきましょう。

12 "... is prepared to give" は"... is prepared to offer"と共に供給者に対する寛容さを示すビジネス英語です。

13 「製品保証」では "warranty" や "guarantee" という言葉が良く使われます。日本と異なり，アメリカでは各製品保証は製品購入時に販売小売店で故障に対する保険のような形でオプションで有料提供することが多いようです。もちろん製品の構造に欠陥がある場合はメーカーが保証することになるのは当然のことです。

Taro: FPI will offer a two-year warranty, including DoA[14] (Dead on Arrival), within a 90-day HWWN (Hardware Warranty New) program. This program will have English-and Spanish-speaking customer-support centers available 24/7 for customers in North America[15].

In addition to these customer-support[16] programs, FPI will sponsor a sales incentive campaign. Every semester,[17] we will review the sales results, and the top salesperson[18] will be honored and given a pair of tickets for a one-week trip to Tahiti with accommodations at a five-star hotel and paid time off.

How does that sound?

---

14 製造業で使われる言葉で「製品着荷不良」を指します。

15 北アメリカはアメリカとカナダを指すときに使われます。

16 近来，アメリカ，インド，オーストラリア等の地域の違いによる時差に対応するために，それぞれの場所にコールセンターを設置しています。具体的には24時間のカスタマーサポートセンターを設置するグローバルカンパニーが増えてきています。また日本でも，英語と日本語だけでなく，中国語，韓国語等の多言語でお客様対応する企業が増えてきています。これは日本に定住する外国人の数が飛躍的に伸びてきていることの現れでもあります。

17 6ヶ月おき (semester)，3ヶ月おき (quarter)，10年 (decade)，100年 (century) といった期間を表す単語も覚えておきましょう。

18 businessman と同じく男女差別を連想させるような単語の使用を避ける傾向がアメリカでは強くあります。日本語でのインディアンは “native American”，黒人は “African American” といったように様々な言葉が対象となります。salesman はアメリカでは salesperson といわれます。もちろん，男性が自分のことを businessman と呼ぶのは問題ないですが，女性に対して男性を意味するこの言葉を使うのは避けなくてはいけません。アメリカでは人種，性別，年齢等の個人情報には特に敏感で，会社に提出する履歴書にも日本のような年齢，性別，家族構成といった内容は書かないですし，それらを書く事を要請することも基本的に出来ません。面接の際にも，特別な理由でその情報が会社の職務に対して客観的に見ても必要でない限り認められません。不必要・不適切な質問をしたために裁判沙汰となり，賠償金を取られた例もあります。個人情報を聞く際には特に気をつけてください。

Gary: Very exciting!

Taro: OK, everyone. I'd like to close today's meeting.[19] But ***if you have any questions, please feel free to contact me at*** ngs-internal-q@fpi.cat.jp. FPI has also prepared a website for NGS at www.ngs-fpi.nekonyan.cat.jp. The website has an FAQ[20] page which answers frequently asked questions. So if you have any questions, please take some time to view the page. ***Thank you all for your time and your continued support***. ***I am confident of our success***.

19 アメリカでは "meeting" が開催される時点で，明確に議題が設けられているので，本題からずれて話が進んだりすると不意に終了したり中断して，再度，仕切り直しとなることも多くあります。アメリカでは日本のようにダラダラと会議が進むことはないので，参画しているメンバーにとっては良いことかもしれませんが，すぐに相手から "Let's talk it offline."（別の時間を設けて話そう）と言われてそれっきりということも多いです。

20 frequently asked question（よくある質問一覧）のことです。メールや電話でのサポートを減らすための有効な手段の一つに，お客様への回答を丁寧に記載した FAQ の Web 掲載があります。上手に作られた Web サイトを持つと会社のサポートコール数は減る傾向にあります。コールセンターのコストを考える上でも一考の余地があるかも知れません。

Chapter 6: 販売代理店への新製品販売（新製品キャンペーン）

太郎：皆様，私は FPI の猫野太郎と申します。FPI の新商品開発マネージャーの一人です。[1] 本日は，FPI の新商品発表会[2] にお集まり頂きありがとうございます。招待状にも記しましたが，新商品でありますNGS を紹介できることを大変誇りに思います（NGS の概要を示すスライドを見せる）。

NGS は人工的な太陽光線を生じさせる家庭用電化製品でありますが，私達が美肌を保つのに必要なビタミン D を生成するのを手助けしてくれる画期的な製品でもあります。
NGS のセールスポイント（売り）は次の通りです。[3]

- 大きさは 2 × 4 × 3 フィートであり中規模な家庭用電化製品です。
- 消費電力は 5.9 アンペアを要し，これは中規模サイズの冷蔵庫が必要とする電力と同等レベルです。
- 一般的なリビング・ルームで，自然の太陽光線と同じ強さの太陽光線を発生させることができます。
- 値段は小型乗用車と同じレベルの 1 万 5 千ドルです。

詳細につきましては仕様書を参照してください（仕様書に関する書面）。
かい摘んで申し上げますと，NGS は家庭で日光浴を安全に楽しむことを可能にしてくれる製品です。もう，日光を求めて外出する必要は無いのです。

テレビを観ながら，食器を洗いながら，ソファーでリラックスしながら日光浴による効果を得られるようになるのです。全ての方が NGS の利点を楽しむことができ，かつ美肌効果を体験できるようになるのです。
研究開発チームは，NGS が北アメリカの健康機器市場で先駆者となってくれることを確信しております。健康関連ビジネスは成長し続けていますが，NGS ほど革新的な商品を考えついた会社は他にありません。FPI の NGS と ACAT の販売チャネルは如何なる競争も打破し，[4] 我々の協業がもたらす成功は確固たるものでしょう。[5]

出席者：それはすばらしい！

太郎：次に本日の議題[6]を示します。

FPI 社と ACAT 社間の独占契約により，ACAT のみが北アメリカにおいて NGS を販売することができます。皆様に求められている[7]ことはより多くの NGS を販売することです。

販売促進の一環として，例えば，CNN，NBC や他のテレビ局といった 7 つの大手ケーブルチャンネルでテレビコマーシャル等のマーケティング活動を開始いたします。有名スポーツ雑誌やフィットネス雑誌にも広告を掲載していきます。

販売活動を支援するために「製品仕様書」も準備しています。販売に際してのキャッチフレーズ[8]を「家に居ても綺麗でいよう，屋内でも屋外でも同じ効果を！」にしようと考えております。皆さんのご感想をお聞かせください。

ゲリー：（笑）それはおもしろいメッセージだ。[9]

太郎：第 1 四半期単位では 50 個売れると予想しており，年度末には毎月 50 個は販売できると踏んでいます。NGS の仕様や品質を考えれば実現可能な数値であると考えています。

フレッド：いくつか質問をさせてください。販売価格は 1 万 5 千ドルと設定されていますが，小売価格[11]や割引はどのようになるのでしょうか。また大量購入割引があるかどうかを教えてください。

太郎：いい質問ですね。NGS の通常販売価格は 1 万 5 千ドルですが，実際の代理店向けの卸販売価格はその 70 パーセントとなります。

ACAT が独自のいかなる割引プランにも対応できるよう，どのような価格を設定をしても良いという条件に合意致しました。さらに 1000 個以上の大量購入の場合には，FPI はさらに 10 パーセントの割引を検討しております。[12]

ゲリー：商品の保証[13]や顧客サポートについては，どのようになっているのでしょうか。

太郎：FPIは，2年間の保証を準備するとともにDoA（新品であるのに[14]機能しない製品）の場合は新ハードウェア保証規約（HWWN）も含めて90日保証も提供します。日本と北アメリカ[15]では，7営業日24時間対応の英語・スペイン語対応のお客様センターを準備し，全ての消費者のニーズに対応します。
これらのお客様サポート[16]計画に加え，FPIは販売促進キャンペーンを準備しております。半期ごとに[17]販売成績を評価し，最優秀営業売上げを達成した営業担[18]当者には5つ星ホテルでの一週間のタヒチ旅行券を出勤扱いで贈呈します。
これらのプログラムについてどうでしょうか。

ゲリー：とてもおもしろいですね。

太郎：では，皆様，本日の新製品発表会を閉会[19]したいと思います。もし質問があれば遠慮なく，ngs-internal-q@fpi.cat.jp にメールを送ってください。FPIはNGSのためにウェブサイトを用意致しました。http://www.ngs-fpi.nekonyan.cat.jp です。このウェブサイトには典型的な質問を載せているFAQ（質問一覧）[20]項目を用意しております。何か質問があればFAQ項目を参照してみてください。
ご静聴，そして継続的支援に感謝しております。我々の成功を確信しております。

太郎と確認するビジネス英語表現 ⑥

ポイント ①

"I am pleased to announce our exciting new product, the Next Generation Sun (NGS)." "The sales points of the NGS are ..."
（「新商品でありますNGSを紹介できることを大変誇りに思います。」「NGSのセールスポイント（売り）は〜」）

Chapter 6の目的は，小売店に対する新製品の紹介と拡販のお願いです。スライドを使ったキャンペーン・ミーティングの導入として，"I am pleased to announce 〜." "The sales points of 〜 are ..."という表現を覚えましょう。この日を迎えて嬉しいということ，それに続いて新製品の紹介とセールスポイントを簡潔に分かりやすく述べることが大切です。ここでの目的は新製品の魅力を小売店にしっかりと知ってもらうことにあります。

ポイント ②

Your mission is to sell as many NGS units as possible.
（皆様に求められていることはより多くのNGSを販売することです。）

新製品の紹介に続き，次の段階として小売店にしっかりと拡販のお願いをすることが重要になります。"Your mission is 〜" という表現を使ってこちら側の要求を明確に述べ，続いて拡販キャンペーン，販売目標，サポート体制などについて伝えます。小売店からの質問も多数出てくることが考えられるので，そのための準備もしておきましょう。

ポイント ③

I'd like to close today's meeting. But if you have any questions, please feel free to contact me at ...@---.
（では，皆様，本日の新製品発表会を閉会したいと思います。もし質問があれば遠慮なく，〜@…にメールを送ってください。）

キャンペーン・ミーティングを終了させる締めの表現です。ここで忘れてはならないことは，さらに質問がある場合の連絡先（メールアドレス）を提示することです。小売店に気持ちよく新製品を販売してもらうためにも，きめ細かな配慮が必要なことは言うまでもありません。小売店との接点を作ることにより，質問だけでなく貴重なフィードバックを得ることも可能になります。

ポイント④

> Thank you all for your time and your continuing support. I am confident of our success.
> （ご静聴，そして継続的支援に感謝しております。我々の成功を確信しております。）

締めの言葉の一部として，キャンペーン・ミーティングに参加して頂いたことへのお礼も忘れてはいけません。この表現は，このまま覚えて自然に口から出てくるようにしておきましょう。

どく太に挑戦 ⑥

挑戦 1 次の日本文を英文で表現するために一番ふさわしい順番に並べ替えてみるのじゃ。

1. 新商品を紹介する会議にお集まり頂きありがとうございます。

   a. our new product　　b. this meeting to introduce

   c. thank you for coming to

2. 詳細は仕様書を参照してください。

   a. for detailed information　　b. the specifications sheet

   c. please refer to

3. 連携がもたらす成功は確固たるものでしょう。

   a. our collaborative　　b. success　　c. I am certain of

挑戦 2 次の日本文に合う最適なフレーズを選ぶのじゃ。その理由もつけてな。

1. 我々の小売流通経路は如何なる競争も打破できるでしょう。

   Our retail distribution channel will ________ .

   a. defeat everyone　　b. prevail over any competition

   c. win all games

2. X 社と Y 社間の独占契約により Y 社のみが商品を販売することができます。

   Based on _______ contract between X Company and Y Company, only Y Company will be able to sell the product.

   a. a special　　b. a monopoly　　c. an exclusive

3. いくつか質問をさせてください。

   a. I have some questions.

   b. Allow me to ask certain questions.

   c. Several questions let me ask.

どく太の解答と解説 ⑥

挑戦 1 どうじゃった？では解答と解説じゃ！

1. 正解 c，b，a

> 新商品を紹介する会議にお集まり頂きありがとうございます。
> Thank you for coming to this meeting to introduce our new product.

感謝の気持ちを述べる決まり文句の Thank you for …という文が最初に来ます。続いて coming to this meeting「会議に集まって頂いたこと」へとつながり，this meeting to introduce our new product「新商品を紹介する会議」というまとまりへとつながっていきます。to introduce の不定詞は meeting を修飾します。

2. 正解 c，b，a

> 詳細は仕様書を参照してください。
> Please refer to the specification sheet for detailed information.

Please refer to ～「～を参照してください」という表現で始まり，refer to に続く the specification sheet「仕様書」につなげます。英語では「参照してください / 仕様書を / 詳細は」というように日本語と語順が逆になるので注意しましょう。

3. 正解 c，a，b

> 連携がもたらす成功は確固たるものでしょう。
> I am certain of our collaborative success.

日本文では主語がないのが普通ですが，英文では必ず述語にしっかり対応する主語が必要となります。「確固たるものでしょう」と考えている人は発話者本人であるため I am certain of という主語を含んだ語句から始まります。次に確信している内容である our collaborative success「我々の連携がもたらす成功」へとつながります。

挑戦 2 では，解答と解説じゃ。

1. 正解 b

我々の小売流通経路は如何なる競争も打破できるでしょう。
Our retail distribution channel will prevail over any competition.

a の defeat everyone は人間を打ち負かすという意味となり，c の all games はすべてのゲームとなり，ひとつの具体的なものを示すときは使いません。

2. 正解 c

X 社と Y 社間の独占契約により Y 社のみが商品を販売することができます。
Based on an exclusive contract between X Company and Y Company, only Y Company will be able to sell the product.

独占契約は exclusive contract という 1 つのまとまりで覚えておきましょう。special contract は「特約」であり，monopoly には「独占」という意味はありますが，monopoly contract という言い方はしません。

3. 正解 a

いくつか質問をさせてください。
I have some questions.

a が英語で質問する際によく使われる自然な表現です。b か c でも相手に意図は伝わりますが，b は仰々しく堅い表現であり，c は日本語的な語順で誤った英文となっています。

Chapter 7: Selling the New Product—On-the-Job Training (OJT)

新製品の販売活動（現場研修）

ミッション:

おはよう太郎君。今回の君の任務は，NGS を販売代理店と共に実際に販売し，実販売を通じてお客様への効果的なアプローチを営業の皆にコーチすることにある。

NGS の性能，機能，コスト，使用上のメリット等をきちんと理解し，キャンペーン情報を織り交ぜて，いかにお客様の関心を新製品に集めるかを教えるのじゃ。たとえ良い製品でも，販売手法をきちんと徹底しないとお客様は NGS を買ってはくれん。お客様の視点に立って，NGS の利点を的確に説明することが必要なのじゃ。行くのじゃ！太郎君。

ポイント:

- 販売代理店である ACAT ビバリーヒルズの営業担当者を対象とした NGS を販売するための研修会を行う。
- ACAT の営業担当者に対して NGS の概要を紹介し，製品を顧客に販売する際のセールスポイントについて説明をおこなう。とくに，製品が環境にやさしい点（省エネ）や，クレジット購入による支払分割購入などの方法を紹介する。
- 販売代理店からのフィードバックをもとに，代理店と協力して“Stay Home and Stay Beautiful—Inside-and-Out” をキャッチフレーズにした販売戦略を策定する。

登場する猫

FPI エンジニア：
猫野太郎
(Taro Nekono)

American Cat Corp. (ACAT)
ビバリーヒルズ担当営業本部長：
アラン　ミアオ
(Alan Meow)

American Cat Corp. (ACAT)
ビバリーヒルズ担当営業：
ダイアナ　ミアオ
(Diana Meow)

Chapter 7: Selling the New Product— On-the-job Training (OJT)

Chapter 7

(*At an ACAT store in Beverly Hills, California*)

Taro: ***Hi everyone. Good morning. My name is*** Taro ***and I am*** a Program Manager of NGS in FPI. ***First of all, thank you very much for the effort you are all putting into*** the NGS sales. It has been a month since ACAT started selling the NGS. ***I am here to help*** you boost your sales.
Before I begin, have any of you had any feedback from customers?

Alan: Yes. My name is Alan. Customers seem quite interested in the NGS when they first see the product. But once they hear the price, most of them immediately lose interest. I personally do not think the NGS is overly expensive for its specifications, but the sales people are having a hard time convincing customers. ***I am wondering*** how other branches are doing and hope you can give us some tips. As you know, Beverly Hills has many[1] rich people who are willing to spend the money if we can convince them that they will be getting their money's worth.

---

1 意外によく間違えられるのが many と much の使用方法です。単純に，後に付く名詞が数えられる場合は many，それ以外は much だと覚えておくと便利です。

Taro: ***<u>Great input</u>***, Alan. Thank you. Please take a look at the handout[2] I brought today (*handout showing the monthly sales numbers and distribution map*). As you can see, overall sales are slow, but some areas like New York and Seattle are doing well. The New York branch focused on appealing to busy business people with the catch phrase[3], "Keep working and keep healthy." They also produced a TV commercial showing an NGS delivering warm sunlight into a cold winter living room with a happy, smiling family soaking it up. The ad appealed to people living in urban areas with no time to take sunbaths, especially in winter. Although we cannot use the same marketing strategy in California, we should be able to come up with something similar. For example, how about a poster with attractive, fit-looking Hollywood stars smiling and using NGS while working out in their homes. Appealing to the health-benefit aspect should stimulate consumer desire. Since a lot of cats in Beverly Hills have enough money in their wallets and plenty of space in their homes, all we need now is to stimulate their purchasing desire.

Diana: That is a good strategy, but our budget won't allow for advertising[4] such as doing promotions with celebrities[5]. Is headquarters planning to allot us funds for this?

---

2 「印刷資料」のことを "handout" と言います。

3 「キャッチフレーズ」は日本語でも良く使われる言葉です。上手に使うことで消費者への効果的な製品アピールをすることができます。

4 「広告宣伝費」のことです。

5 「有名な方，著名な方」を指します。日本で言うアイドル（idol）も celebrities に入ります。アメリカでも idol を使う場合がありますが，正式な意味は「偶像」で，日本のように有名歌手を idol とはあまり呼びません。反対に singer，actor/actress といった直接の職種で呼ぶことのほうが多いようです。

Taro: ***<u>Good point</u>***. Unfortunately, we do not have the budget for such a big promotion at the moment. But I can negotiate for a few trial machines to be given to movie stars who might be interested in the product and would be willing to endorse the machine on radio and TV talk shows.[6] We can select a target list of celebrities who may want to improve their looks. We are looking for cats who like to talk. Let me do some research. Meanwhile, —and no offense intended— I've noticed that you yourselves do not look like you are taking advantage of the NGS. Have you tried using it? If you look good, customers will want to know more about the product you're selling. I urge you to please use the NGS yourself. I've tried it myself and, as you can see, the effect is awesome. So try it and use the catch phrase "Stay Home and Stay Beautiful—Inside and Out." When potential customers see your beautiful fur, I'm sure they will want an NGS for themselves. For those in Beverly Hills, it will just be a small investment.

Alan: You're right! We need to convince ourselves first[7].

6 俗に "celebrity endorsement" と呼ばれるポピュラーな広告方法です。ただしこのように，無料で製品提供をする代わりに宣伝してもらうというような簡単な方法は現実問題として，うまくいかないことが多いのも事実です。

7 "convince ourselves first" とは「まず我々自身が納得することが必要」という意味で使われています。これも宣伝手法の一つで，商品の持つイメージを自社の販売員に表現させることで，買い手の興味を倍増させる方法の一つです。この手法は，商品モニターと同じ効果を持ちます。そして，単なるイメージ向上の効果ではなく，販売員の製品知識の向上等のトレーニング効果も伴います。このため企業では free trial（無料の試験）といった形での戦略を用いて同様の効果を狙う場合もあるようです。

Taro: ***Exactly***. Customers need to be convinced by seeing the actual effect. I have prepared some advertisements to run in healthcare-oriented magazines and I am also negotiating a pilot program[8] with major fitness centers in Los Angeles. Once the magazines are out, post the page showing the NGS ad here. One last thing, when you pitch the product, emphasize the low power-consumption rate and the monthly installment plan. If customers use the NGS three hours every day, their monthly power bill comes to only about $10. As for installment payments,[9] if the customer chooses the 60-month payment schedule, the monthly payment will be just $250, with no down payment.[10] Stress that this is much cheaper than paying medical bills.

Also, don't forget to tell them about the additional 5% discount if they pay in cash. I will set up the promotion campaign very soon. Let's see how sales go next week. Please feel free to contact me if you have any questions or concerns. You can reach me via my cell or by e-mail at ngs-internal-q@fpi.cat.jp. The NGS website is also a good place to gather useful information. I have posted sales updates and also sales best-practice information. The site also has an FAQ page which gives responses to frequently asked questions. Please take advantage of[11] it. And remember: If you do well, then you could be the one enjoying those umbrella drinks on the beautiful beaches of Tahiti. There will be another sales meeting next Monday.
Good luck.

---

8 「モニターテスト」のことです。商品を無償で提供し，それを実際に使ってもらうことで，宣伝効果を狙います。

9 「分割払い」のことです。

10 分割払いで車や家を買う場合に求められる頭金のことです。

11 「有効活用する」という時に使いますが，この他にも有利な立場を使って相手につけこむような悪い意味の際にも使われます。

Chapter 7: 新製品の販売活動（現場研修）

太郎：おはようございます。私はFPIの猫野太郎です。そしてFPIのNGSプログラム・マネージャーです。最初に皆様方がNGS販売にご尽力されていることに対して感謝の意を表したいと思います。ACATがNGS販売を開始してから1ヶ月が経ちました。本日，私は皆様の販売を更に押し上げるための手助けをするために来ました。
まずは，本日の会議を始める前に，お客様からのフィードバックがあった方はいらっしゃいますでしょうか。

アラン：はい。私はアランと申します。お客様の多くは，最初にNGSを見ると相当な関心を示す気がしています。しかし製品の価格を聞くと同時に興味を無くしてしまいます。個人的にはNGSの機能からするとそんなに高価だとは思わないのですが，販売員はお客様の説得に悪戦苦闘しているようです。私自身他の店舗での売れ行きが気になっており，また何か助言を頂ければとも思っています。皆様のご承知の通り，ビバリーヒルズには富裕層が多く住み，製品自体に価格なりの価値があると説得できれば購入するお客様は数多く[1]存在すると考えています。

太郎：アランさん，すばらしい情報提供をありがとうございます。今日お持ちした配布資料[2]をご覧ください（一ヶ月の売り上げ数値や売り上げ場所の分布図を示す配布資料）。ご覧の通り全体での売り上げは遅いペースではありますが，なかでもニューヨークやシアトルといった都市での売り上げは好調です。ニューヨーク支店は忙しいビジネスマンをターゲットに「働きながら，健康で行こう！」のキャッチフレーズ[3]で売り込みました。ニューヨーク支店はNGSが冷たく寒いリビングルームに暖かい太陽光線を送り，笑顔いっぱいの家族を映し出すテレビコマーシャルを展開しました。都市部に住む，特に冬に日光浴できない多忙な猫たちにとっては魅力的だったようです。同じマーケティング戦略をカリフォルニアでも起用することはできませんが，類似した戦略を考え出すことは可能でしょう。例えば，家庭で働く日焼けした人気女優や俳優が笑顔でNGSを使用しているポスターなどはいかがでしょうか。健康管理面での利点を説得するとお客様の心をつかむことができるでしょう。ビバリ

ーヒルズに住む多くの猫には，お財布にお金と自宅には多くの広い部屋があるので，我々はお客様の購入意欲を拡大させていけば良いのです。

ダイアナ：その戦略は良い考えだとは思いますが，我々にはセレブ[5]を広告に起用するといった十分な宣伝費[4]はありません。本部は必要な予算を割り当ててくれるのでしょうか。

太郎：良いご指摘ですね。残念ながら現時点では大規模な販売活動を展開するだけの予算はありません。しかし我々の商品に興味があり，ラジオやトークショーで[6]NGS を推奨してくれる映画俳優にいくつか試供品を提供するよう交渉することはできます。見た目を良くしたい有名な方にターゲットを絞っても良いかもしれません。口数が多い方が良いかもしれません。まずは，こちらにて調べさせてください。一方では，営業担当であるあなた方が，実際に NGS の利点を自らお客様に対して正しく語っているようには，感じられません。実際に製品を使用したことはありますか。営業担当者の見た目が良ければ，お客様がさらに製品への興味を抱いてくれることでしょう。まずは，NGS をあなた自身で使用してみてください。私自身使用したのですが，その効果はすばらしいものでした。試してみて，キャッチフレーズである「家に居て綺麗でいよう，室内でも屋外でも同じ効果を！」を使ってみてください。
NGS を買うかもしれないお客様が，営業担当の方の十分な日焼けと美肌を見れば NGS を必ず購入したくなるでしょう。ビバリーヒルズに住んでいる方であるなら，NGS への投資は些細なものと言えるでしょう。

アラン：仰しゃる通りです！我々自身がまずは実感しないと[7]いけないですね。

太郎：その通りです。お客様は実際の効果を見てから納得されることでしょう。健康雑誌用に広告を用意しましたし，またロスの大手ジムとも試験的なプログラム[8]の展開を交渉中です。雑誌の販売が開始されたら，ここに NGS が掲載されているページを貼ってください。最後に，お客様に省消費電力と月賦払いに関する説明をする際にこれを使ってください。NGS を毎日 3 時間使用した場合，月々の消費電力はたったの 10 ドルです。また分割払い[9]についてですが，60 ヶ月を選択した場合，一月の支払い金額は手付金[10]なしのたったの 250 ドルです。これは医療費を払うより安いこともセールスポイントとして説明してください。

また，現金で支払った場合には，さらに販売価格から5パーセントの割引があることも忘れずに伝えください。

私の方では販売促進キャンペーンを近いうちに開始するようにします。来週の売り上げがどのようになるのか，まずは様子を見ましょう。ご質問やご懸念があれば遠慮なく連絡してください。携帯電話でも連絡がつきますし，メールの場合はngs-internal-q@fpi.cat.jp までどうぞ。NGS のウェブサイトからも有用な情報を得ることができます。最初の営業情報や営業活動に参考になる情報も載せています。典型的な質問に対する答えを掲載する FAQ もあります。ぜひご活用ください。[11]
そして覚えておいてください。タヒチに行き，トロピカルな飲み物を美しいビーチで楽しむのはあなたかもしれません。販売に関する会議は来週月曜に予定しています。みなさん，頑張ってください。

ポイント ①

First of all, thank you very much for the effort you are all putting into the NGS sales.
(最初に皆様方がNGS販売にご尽力されていることに対して感謝の意を表したいと思います。)

Chapter 7のポイントは，販売員に対する販売促進のためのアドバイスと実践トレーニングです。ミーティングの対象者は，第一線でNGSの販売に携わっている小売店の販売員なので，最初にその人たちへの日頃の努力に対するお礼の言葉から始めましょう。小売店の人たちに気持ちよく販売活動をしてもらうためにも感謝の気持ちを忘れず，その気持ちを言葉でしっかりと表現することが大切です。

ポイント ②

I am here to help you boost your sales. Before I begin, have any of you had any feedback from customers?
(本日，私は皆様の販売を更に押し上げるための手助けをするためにきました。まずは，本日の会議を始める前に，顧客からのフィードバックがあった方はいらっしゃいますでしょうか。)

次に本日のミーティングの目的を明確にさせたうえで，具体的な内容に入ります。ここでは，実際の販売活動から得られたお客様からのフィードバックを求めることから始めています。第一線でお客様から得られた質問やクレームは販売促進活動をするうえで貴重な情報になります。販売員へのサポートとして，まずその対応から始めることが大切です。

ポイント③

“Great input.”　“Good point.”　“Exactly.”
（「素晴らしい情報です」　「良いご指摘です」　「まさにその通りです」）

英語でのやり取りでは，相手からの質問や指摘やコメントに対して，“Good question!” “Great!” “Wonderful!” “Super!” といった言葉をよく耳にします。これらの表現は日本語に訳しにくいものですが，相手の発言に対して敬意を払う気持ちの表れと考えて良いでしょう。一種の誉め言葉でもあるので，相手の気持ちを満足させる効果もあります。販売員に気持ち良く，やる気を持って販売活動をしてもらうためにもこのようなポジティブな表現をさりげなく使うことがとても重要です。

ポイント④

Also, don’t forget to tell them about the additional 5% discount if they pay in cash.
（また，現金で支払った場合には，さらに販売価格から 5 パーセントの割引があることも忘れずに伝えください。）

販売促進においてお客様に伝えるべき必要項目やメリットがある場合は，“Don’t forget to tell them about ～” という表現を使って販売員に徹底させましょう。常に同じ表現を使うのではなく，“Please tell them about ～” や “Please let them know about ～” など他のバリエーションも覚えておくと良いでしょう。

どく太に挑戦 ⑦

挑戦 1 次の日本文に合うフォーマルは会議で使用される最適な英文を選ぶのじゃ。その理由も考えられるかな？

1. まずは，本日の会議を始める前に
   a. First, before start of today's meeting
   b. Firstly, today's conference before starting
   c. First of all, before starting the meeting today

2. 良いご指摘ですね。
   a. Good point.
   b. That's good suggestion.
   c. Good indication.

3. まさにその通りです。
   a. Exactly.
   b. You've hit the nail on the head.
   c. Yeah, that's it.

挑戦 2 次の日本語を直訳すると使えない英語になってしまう。この章のやりとりの内容を考えた上で一番ふさわしい表現を選ぶのじゃ。

1. ～が気になっています。
   a. I am wondering…
   b. It is anxious…
   c. I concern…

2. 仰しゃる通りです！
   a. As you say!
   b. You're right!
   c. That is exactly as you say!!

3. 頑張ってください。
   a. Work hard.
   b. Hold out.
   c. Good luck.

どく太の解答と解説 ⑦

挑戦 1 どうじゃった？では解答と解説じゃ！

1. 正解 c

> まずは，本日の会議を始める前に
> a. First, before start of today's meeting
> b. Firstly, today's conference before starting
> c. First of all, before starting the meeting today

First of all は話し言葉で First Fisty は書き言葉で使います。c が最も自然な英語で正解です。a を正しく使うには start の前に the が必要です。b は，conference の意味も「学会」といったようなニュアンスになります。また，語順も間違っています。正しくするならば，before starting today's conference となります。

2. 正解 a

> 良いご指摘ですね。
> a. Good point.
> b. That's good suggestion.
> c. Good indication.

b の That's をとり Good suggestion. か That's a good suggestion. となれば正しい表現になります。c の indication は何かを示唆しなくてはいけないので，ここにはふさわしくありません。

3. 正解 a

> まさにその通りです
> a. Exactly.
> b. You've hit the nail on the head.
> c. Yeah, that's it.

ビジネスの会議では a の Exactly が頻繁に使われる自然な言い回しです。b は「ご名答！」といったニュアンスで，インフォーマル過ぎます。c も同様に，ビジネス会議の場では “Yeah” がインフォーマル過ぎてふさわしくありません。

挑戦 2 では，解答と解説じゃ。

1. 正解 a

気になっています。 a. I am wondering … b. It is anxious … c. I concern …

I am anxious. または I am concerned about … なら OK です。be anxious, be concerned は心配している時に使い，wondering は「わからない」とか疑問に思う時に使います。ここでは a の I am wondering … が一番ふさわしいと言えます。

2. 正解 b

仰しゃる通りです！ a. As you say! b. You're right! c. That is exactly as you say!!

また，英語でこのように言いたいならば，That's (exactly) it! ともいいます。As you say の場合には後ろに何か続かないといけません。

3. 正解 c

頑張ってください。 a. Work hard. b. Hold out. c. Good luck.

「頑張る」を直訳すると a や b になりますが，実際にはあまり使用しない表現です。ビジネスシーンで使われる日本語の「頑張ってください」というニュアンスは，英語の Good luck. という慣用表現に最も近いので，ここでは c が一番ふさわしいと言えます。

Chapter 8: Dealing with Complaints—Complaints from Retailers

苦情処理（代理店への対応）

ミッション:

おはよう太郎君。今回の君の任務は，NGS に関する販売代理店からの苦情に対応し，怒っている担当者の不満や文句に対して適切に対応することじゃ。NGS の品質，出荷から納品までの時間，機能追加に関する要望など，苦情の内容は多岐にわたるが，お客様が製品に対し不満を持たれていることにおいては同じことじゃ。丁寧かつ誠意のある対応を落ち着いて行うことが必要じゃ。

怒っている相手とはいえ，冷静に相手の話をきちんと聞いてあげないと相手はぞんざいに扱われたと感じ，顧客満足度が向上することはないぞ。かといってお客様のいうことをすべてを聞いていては，ビジネスは成り立たん。プロフェッショナル，つまり，自分の感情を抑え，あくまで冷静沈着な対応が要求されるのじゃ。ここでも，人は聞くことより話すことを好む，ということを忘れんようにな！代理店が不満ばかり抱えていてはせっかくの製品も売れずに返品されてしまう。相手の問題を聞きだし適切なアドバイスを与えることで，相手の不満を払拭するのじゃ！行け，太郎君！

ポイント:

- NGS の納品に関して，ACAT シカゴ営業所の営業担当からの電話での強い苦情に対して適切な対応をする。
- ACAT の営業担当者との会話から何が問題であったのか，より具体的な質問をしていくことで，苦情の内容と本質的問題点を明確にしていく。
- 苦情に対して誠意をもって対応することで，今後も NGS の代理店として製品を販売してもらうように協力をお願いするとともに，適切な指示を関係部署に対して出すことで，問題を早期に解決する。
- FPI の社内システムに保管してある出荷情報や顧客情報を活用することで，迅速な苦情処理を行う。

登場する猫

FPI エンジニア：
猫野太郎
(Taro Nekono)

American Cat Corp. (ACAT)
シカゴ担当営業：
トム　ミアオ
(Tom Meow)

Chapter 8: Dealing with Complaints—Complaints from Retailers

Chapter 8

(*At an ACAT store in Beverly Hills, California*)

Taro: [*telephone ringing…*] FPI, Taro speaking[1].

Tom: ***This is Tom from ACAT Corporation in Chicago***. ***I have a complaint regarding*** the NGS shipment I got yesterday. The shipment took more than three weeks to get here and, to make matters worse, the product is defective![2] I would like to know how you guys are dealing with product shipments and quality control. My customer is really upset. They are one of the biggest fitness gyms in the East. If we lose their business, ACAT might need to consider litigation[3] with FPI.

Taro: Gosh, Tom, ***I'm sorry to hear that***.[4] ***Let's try to sort out the issues***. ***First, we need to find out what happened to*** the shipment. ***Can you give me*** the 9-digit number on the upper right-hand corner of the shipment voucher? I also need the NGS serial number, which is the 12-digit number starting with NGS. You can find it at the top left-hand corner of the NGS. Could you please give me these numbers, Tom?

---

1 まず会社名，次に “This is {name} speaking” というのが一般的な電話の対応です。頻繁に使いますから覚えましょう。

2 「不良品，欠陥品」を意味します。この他にも一度修理返品されたものを修理して再販売する “refurbish”（再生品）という単語もビジネスでは頻繁に使われます。

3 「法廷闘争」のことでいきなり “trial” とは一般的には言いません。

4 繰り返しになりますが感謝の念をまずは表すことが一般的です。それに加えて，相手の名前を覚えておき，もう一度呼びかけることは非常に重要です。名前を呼ばれることで激高していた人が，われに返って普通の対応を始めるケースもある程です。名前で呼ぶことはきちんと話を聞いているという印象を与えることから，相手に対する敬意を表し，好感度を上げることにもつながります。逆に感謝の意もなく，自分の名前も覚えないで自分の話したいことだけを言うということは，相手の不快感を誘うので気をつけたいものです。

Tom: OK. The shipment number is 111-222-123. The serial number is NGS-111112345.

Taro: Thank you, Tom. ***Let me confirm***[5]. That was 111-222-123 and NGS-111112345. Correct?

Tom: Yes.

Taro: ***OK, I am pulling up the information from our database***. ***Please hold for a second***.[6] While we're waiting, could you please tell me exactly[7] what happened to the shipment?

---

5 後になって同じ質問を繰り返さないためにも必ず確認を取ることが必要です。適当に聞き流してしまい，間違った情報を基に今後の対応を継続すると，後で手痛い失敗をすることが良くありますから注意が必要です。確認を取ろうとする人をぞんざいに扱う人はよいビジネスパーソンとはいえません。きちんとした対応をしてくれる人という印象を与えることが大切です。

6 よく「ちょっと待って」と言うときに “Wait a sec”，や “Wait a minute.” という言葉が使われます。これは 1 秒や 1 分きっかり待って欲しいわけではなくあくまで大まかな目安です。ただし「30 分」待たせる恐れがある場合にはきちんと「30 分後にお願いします」と時間を明示してください。

7 カリフォルニアでは “exactly” と発音する場合 “t” を発音しないで [ex · ac · ly] という感じで発音することが多いです。同様に “mountain” も “t” をほとんど発音しない傾向があります。これは地域による方言的なものですから，アメリカでもその土地特有の発音や単語の使い方が顕著に出ることがあります。有名なのはボストンでの “r” の発音 [car（自動車）] と発音する際に，“ca” と同じ発音に聞こえるくらい短く弱く “r” を発音します。テキサス等の南部訛も有名です。

Tom: Well, we sent in the shipment order three weeks ago for the first trial of the NGS by "Midnight Fitness," which is the largest privately owned and operated fitness center chain in the East. One of our sales personnel has been working very hard to convince the customer, and finally we got the green light[8] for a trial run. If the trial goes well, "Midnight Fitness" is considering a bulk order for all of their branches. We are talking about more than 200 NGS units. But the product was not delivered within a week as we promised the customer. It finally just arrived here yesterday.

Taro: ***<u>Yes, I see here that</u>*** we got your shipment request three weeks ago on May 12th.[9]

Tom: Exactly. And the customer patiently waited the whole time. But then, during our pre-delivery inspection,[10] we realized that a critical part is missing and we cannot get the machine to work without it. And on top of that, there was no user's manual in the box, either. This will cause even further loss of time! The customer is understandably angry now.

---

8 日本では「青信号 (blue light)」が「OK あるいは進め」を意味しますが，海外では青信号とは呼ばず「緑」信号と呼びます。実際，日本の信号を見ても青ではなく緑と青の中間色となっており，これは取り用によってどちらが正しいとも言いがたいかもしれません。問題なのは，会話の際に信号が「"blue" になった」と言うと外国人には通じないことがあることです。

9 日付は May 1st（first），May 2nd（second）...May 10th（tenth）という形で表されます。もちろん 1/21/2010 という場合もありますので覚えておきましょう。（英：日付が先 21st Jan. 米：月が先 Jan. 21st）。

10 「出荷前検査」のことをいいます。会社が製品販売にパートナー契約を結んでいる場合は，パートナーが各々の価値を高めるために出荷前検査を通常実施します。特に海外製品を取り扱う場合には出荷前検査は必要不可欠です。日本製品は出荷製品の不良品率（defect rate）は低いですが，海外製品の場合には欠損率が高いことも特徴です。

Taro: OK, Tom, ***I understand the situation now***. ***I am really sorry for all of the trouble*** you have encountered. What I'm going to do is set up a special shipment arrangement immediately, and I promise that the missing parts and manual will be delivered within the next 12 hours.[11] We will also send our engineers assigned to the U.S. operation to work with your pre-delivery inspection team. It is now almost 5 p.m. here in Tokyo. ***I will have them in your office by tomorrow morning***. ***Is there anything else I can do?***

Tom: Umm. If the parts and the manual are ready tomorrow and we can complete the pre-delivery inspection by the end of the business day, we should be able to deliver the NGS before the end of the week. It'll be tough, but we might be able to save the sale.

Taro: Great. To arrange everything, I need the missing parts information. What exactly are they? Can you give me the parts' numbers? Our U.S. depot has all the necessary parts and they can be shipped by FedEx overnight.

Tom: I don't know the part number, but it is the main power cable.

Taro: I see. That's part number N-112233. Just in case[12], I would also like to go over all the accessory parts to check that you have everything. Do you have two extension fiber cables[13] and also two regular sockets with a lot of lenses?

---

11 「(次の) 12 時間以内に」という意味で使われます。"Next three months" など同様の使われ方がされます。

12 「万一に備えて」という意味で，覚えておくと結構使える便利な言葉です。

13 「延長ケーブル」のことです。

Tom: Yes. I think we do have those.

Taro: ***Excellent***. The total number of parts aside from the main NGS housing is five, and you seem to have four, correct?

Tom: That is correct.

Taro: Good. Then I will have our U.S. team ship the missing part and manual right now and let you know the shipping confirmation[14] via e-mail. According to the shipment request database, your e-mail is tom@acat.com. Is that correct?

Tom: Yes, it is.

Taro: ***OK. Let me handle this and get back to you in 30 minutes.***[15] ***Will you be in your office or should I call you on your cell phone?***

---

14 FedEx, UPS, DHL など，世界中への小包配送網が発達した今，shipping confirmation number あるいは tracking number（出荷確認番号）により送った小包が今どこにあるのかという情報がウェブを通じて瞬時に確認できるようになっています。何とも便利な世の中になったものです。

15 「30 分以内に」という意味です。会話やメールをやり取りする際には，常に 5W 1H を意識して「何を」「いつまでに」など自分の意図することを明確に相手に伝えることが大切です。期限を決めることは非常に重要ですが，“As soon as possible” といった一見緊急を要するように聞こえる表現が，相手の都合によって期限が明確でない要求になってしまうことが多いのにも注意してください。「今週の金曜日，4 月 13 日までに」といった明確な期限を相手に伝えることによって，期限内に物事を運べるようにコントロールできるようになります。最悪なのは「言った」，「言わない」という低レベルな言い合いになることで，このような状況を避けるためにも「議事録」等文章で明確に相手に伝えたいことを伝えることが大切です。

Tom: I will be in my office for the next two hours. My office number is 1-555-333-1234 and my cell is 1-555-626-1234, just in case.

Taro: Thank you, Tom. I will get back to you as soon as the shipment is in order. I will also check on why the delay occurred in the first place. ***I'll get back to you about that tomorrow***. ***On behalf of*** FPI, ***I apologize for*** all the trouble you have had and I appreciate your patience.

Tom: ***Look,***[16] ***so long as*** we do not lose the customer, we will be fine. Let's see how things go. ***Thank you for your excellent support***. I am looking forward to the shipment confirmation information and the engineers coming to help us. We are also interested in your report on the NGS quality control and your hardware and technical field service scheme[17]. When the delivery comes through, ***I look forward to meeting you***.[18] Taro, is it?

---

16 「相手の注意を喚起する」際に使われる言葉です。日本語で言うと「なあ」,「おい」,「あの」というところでしょうか。電話での会話でも "Look!" と使えるので覚えておきましょう。この Look!は英語を母語としない人はあまり使いませんが，使ってみると"Cool"（かっこいい）かもしれません。

17 ここ数年，6 シグマ，TQC（Total Quality Control），kaizen（改善），kanban（看板）method（方法）といった品質管理向上のためのプロセス改善活動に企業の関心が集まっています。process，scheme といった言葉，および日本語を語源とする有名な Kaizen や Kanban Quality Control といった言葉は是非とも覚えましょう。

18 メール等でよく使われる便利なフレーズです。「～を楽しみにしている」という言葉で，"to" の後には「動名詞」が来ることに注意しましょう。"Looking forward to seeing you soon." となります。

Taro: Yes, absolutely. Again, ***please accept our sincere apology***. And pass it on to your customer. Tell them we're sorry for the delay and that it won't happen again.

Tom: OK. ***Talk to you later***.

Taro: Yes, Tom.

Chapter 8: 苦情処理（代理店の対応）

太郎：（電話が鳴り・・）FPI の太郎です。[1]

トム：ACAT シカゴ支店のトムです。昨日，NGS の発送に関する苦情が寄せられました。こちらに送られてくるまでの出荷に 3 週間以上もかかったうえ商品は欠陥品[2]でした。ぜひともあなた方はどのように商品の出荷とその品質管理を行っているのかお聞きしたいですね。お客様は大変ご立腹です。東海岸最大のフィットネス・ジムですよ。彼らを顧客として失えば ACAT は FPI を訴えること[3]になるかもしれません。

太郎：トムさん，電話をして下さりありがとうございました。では，問題を整理していきましょう。まずは，出荷された物に何が起きたかを調べていきましょう。発送票の上の右端に書いてある番号（シリアル番号）を教えて頂いてもよろしいですか。NGS の整理番号も教えてください，NGS から始まる 12 桁の番号です。NGS の上部の左隅に整理番号はあります。これらの番号を私に教えて頂けますでしょうか。

トム：分かりました。発送番号は 111-222-123 です。整理番号は NGS-111112345 です。

太郎：トム，ありがとうございます。確認をさせて頂いてもよろしいでしょうか。[3] 先程の番号は，111-222-123，それと，NGS-111112345 で合っていますか。

トム：はい。

太郎：了解しました。今，データベースから情報を取り出しています。少しお待ち頂いてもよろしいでしょうか。[6] データベースから情報が取り出している間に，発送された商品にいったい何が起きたのかを具体的[7] に話していただけますでしょうか。

トム：そうですね。東海岸で最大の個人フィットネスチェーン店である「ミッドナイト・フィットネス」への発送を 3 週間前に要請しました。販売員の方がお客様を説得するのに尽力した結果，やっとの思いで試験購入してみようということになった[8] のです。試験購入で気に入ってもらえれば，「ミッドナイト・フィットネス」は全ての支店向けに大量発注を行うことを検討していました。となると 200 以上の NGS が売れるということでした。しかし，私たちがお客様に約束した 1 週間以内に商品は届きませんでした。3 週間経ってやっと届いたわけです。

太郎：あなたが仰るように発注要請が 3 週間前の 5 月 12 日にあったとこちらにも書いてありますね。

トム：そうでしょう。お客様は辛抱強く 3 週間待ってくれ，昨日，やっと商品が届いたのです。しかし，お客様に対して発送する前の出荷検品[10] にて重要な部品が足りないことに気がつき，部品無しでは動かすことができず，利用者用のユーザーマニュアルも箱に入っていなかったのです。これにより，更に無駄な時間が生じてしまいました。

太郎：トム，説明をしてくれてありがとうございます。今，状況がよく把握できました。貴方に対して多大な苦労をかけたことを大変申し訳なく思っています。緊急発送の手配をして 12 時間以内[12] に欠落部品とマニュアルを発送するようにします。アメリカを担当する我々の技術者をあなた方の製品配送の検品チームの支援のために派遣させます。東太平洋時間で現在夕方の 5 時ですが，明朝までに貴方のオフィスに彼らを派遣するようにします。他に私の方で何かできることはありますでしょうか。

トム：そうですね・・・明日中に部品とマニュアルが準備でき，そして営業終了時間までに出荷前の検品を完了させることができるのであれば，今週中に NGS を送ることができます。状況は決して良

くはありませんが，現在の状況を少しでも回復できるかもしれません（この販売を成功できるかもしれません）。

太郎：良かったです。準備をする際に欠落部品に関する情報が必要ですね。具体的にどの部品が欠落していたのですか。部品の番号を教えて頂けますでしょうか。我々のアメリカにある倉庫には必要な部品が全て保管されているので，今夜中にフェデックスで発送させます。

トム：部品の番号までは分かりませんが，電源ケーブルがありません。

太郎：分かりました。ということはN-112233ですね。万が一のために[12]全ての付属品が揃っていることを確認させて頂いてもよろしいでしょうか。延長ファイバーケーブル[13]が二つ，とレンズがいっぱい付いている普通のソケットも二つありますでしょうか。

トム：はい，それらの物はあると思います。

太郎：すばらしい。本体のNGSハウジング以外の部品は全部で5つですが，あなたのところにあるのは4つということですね。

トム：はい，そうです。

太郎：わかりました。今，アメリカチームに欠落部品とマニュアルを発送させるので，発送の確認[14]をEメールでお知らせします。発送要請のデータベースによると，あなたのEメールはtom@acat.comですね。合っていますか。

トム：はい，そうです。

太郎：わかりました。私の方で処理した後，30分後に電話をかけるようにします。オフィスにいらっしゃいますか。それとも携帯にかけた方がよろしいでしょうか。

トム：私はあと，2時間はオフィスにいます。私のオフィスに通じる電話番号は，1-555-222-1234です，念のために私の携帯も教えておきます，1-555-626-1234です。

太郎：トム，ありがとうございます。発送の準備が出来次第，連絡します。また，発送の遅滞がそもそも何故起きたのかも調べておきます。この件については，明日また連絡致します。
NPIに代わりましてお手数をおかけしたことに対してお詫びいたします。また貴方の辛抱強さに深く感謝するとともにお詫び致します。

トム：ここで重要な点ですが[16]お客様を失わない限りは気にしません。まずは，現在の状況を注意を払ってみていきましょう。貴方のすばらしい対応に感謝します。明日，出荷確認の連絡と技術者が派遣されるのを楽しみに待っています。NGSの品質管理に関する報告，ハードウエア計画と技術分野のサービスの計画[17]に関する報告もお願いします。今回の出荷が届いたら，太郎さんでしたっけ。お会いできることを楽しみにしています。

太郎：はい，ぜひ。我々からの心からお詫びを申し上げます。このことはお客様にも伝えてください。遅れて申し訳ないことと二度とそのようなことは起こさないとお伝えください。

トム：ではまた後ほど。

太郎：トム，また後ほど。

太郎と確認するビジネス英語表現 ⑧

ポイント ①

Let's try to sort out the issues. First, we need to find out what happened to the shipment.
（問題を整理しましょう。先ず，出荷された物に何が起きたかをはっきりとしていきましょう。）

Chapter 8 のポイントは，苦情処理です。お客様からの苦情について小売店から連絡が入った時の対応に関する表現を学びましょう。まず重要なことは現状把握と問題の整理です。“Let's try to sort out the issues.” という表現を覚えてそのまま使用し，次に “First, ～” というように段階を追って現状の把握を試みましょう。

ポイント ②

I understand the situation now. I am really sorry for all of the trouble you have encountered. I will have them .... Is there anything else I can do?
（状況をよく把握できました。皆様方を煩わせたことに対して大変申し訳なく思っています。～するようにします。他に私に何かできることはありますか。）

現状把握ができたら，次に具体的な対応策を打ち出しますが，その前にお客様からの苦情に対応した小売店の販売員にお詫びの気持ちをしっかり伝えましょう。製造会社にとって小売店の販売員はとても大切な存在なので常に気を配る必要があります。そして “I will ...” という表現を使って，いつまでに何をするのか具体的かつ明確な対応策を伝えます。さらに “Is there anything else I can do?” という表現を使うことによって万全のサポート体制を示すことも重要なことです。

ポイント③

Let me handle this and get back to you in 30 minutes. Will you be in your office or should I call you on your cell phone?
（処理した後に 30 分後に電話をかけます。オフィスにいますか。それとも携帯にかけた方がよろしいですか。）

苦情処理のやり取りのなかで，緊急に処理できることは処理し，その結果を相手に折り返し報告する旨を伝える表現です。メールか電話かなど連絡方法についても忘れずに聞いておきましょう。苦情処理では，相手に誠意を見せ，迅速に対応する姿勢を示すことがとても重要なことです。

ポイント④

Please accept our sincere apology. And pass it on to your customer.
（心からお詫びを申し上げます。ではまた連絡致します。）

苦情の会話を終結する際に使う表現です。販売員に苦情への対応という迷惑をかけたわけなので，最後にもう一度お詫びの気持ちを示すのが礼儀です。また We will be in touch. という表現を使って，処理が済むまでは連絡を取り合う旨も忘れずに伝えておきましょう。

どく太に挑戦 ⑧

挑戦 1 左欄の英文に続く適切な英文を右欄から選び完成させるのじゃ。

1	I have a complaint regarding		a	the store opens tomorrow morning.
2	On behalf of the company, I apologize for		b	the shipment we received yesterday.
3	I will have them delivered before		c	the trouble you have had.

挑戦 2 次のトムと太郎の会話に合う英文を選ぶのじゃ。その理由も考えられるかな？

Tom: Hello, this is Tom from ACAT Beverly Hills. I'm calling because our shipment order arrived two weeks late and the product was defective.

Taro: 1. a. I'm sorry to hear that.
b. Hearing that makes me apologize.
c. How sorry you are!

Tom: So, what are you going to do avout it?

Taro: 2. a. With respect to this matter, I'll check and contact you as soon as possible.
b. I will communicate about this matter once checking.
c. Let me check on this and I'll get back to you.

Tom: 3. a. Your excellent response is thankful.
b. Thank you for your excellent support.
c. We are grateful for your exemplary handling.

どく太の解答と解説 ⑧

挑戦 1　どうじゃった？では解答と解説じゃ！

正解 1 - b　2 - c　3 - a

1	I have a complaint regarding	—	b	the shipment we received yesterday.
2	On behalf of the company, I apologize for	—	c	the trouble you have had.
3	I will have them delivered before	—	a	the store opens tomorrow morning.

正解を得るには意味から考える必要があります。1 の「～についての苦情があった」につながる内容は「昨日受け取った発送」になります。2 の「～に対して申し訳なく思っている」には，c の「皆様が抱えた問題（皆様を煩わせたこと）」がつながります。3 の「～前にそれらを発送するようにします」には，a の「明朝，開店する」を持ってくると，意味の上でも自然につながります。

挑戦 2　では，次の問題の解答と解説じゃ。

1. 正解 a

「申し訳ございません」という意味を表す場合
a. I'm sorry to hear that.
b. Hearing that makes me apologize.
c. How sorry you are!

「申し訳ございません」という意味を表す相手に謝るシンプルな表現は I'm sorry to hear that. が最も自然で，正解です。b も c もまた必要以上に回りくどい表現で不自然な言い方になっています。

2. 正解 c

「この件については明日また連絡致します。」という意味を表す場合
a. With respect to this matter, I'll check and contact you as soon as possible.
b. I will communicate about this matter once checking.
c. Let me check on this and I'll get back to you.

「この件については明日また連絡致します。」という意味を表す a はフォーマル過ぎて回りくどく，不自然な表現になっています。b は，語法的に communicate about this matter とは言いません。c がよく使われる自然な表現で正解となります。

3. 正解 b

「すばらしい対応に感謝致します。」という意味を表す場合
a. Your excellent response is thankful.
b. Thank you for your excellent support.
c. We are grateful for your exemplary handling.

「すばらしい対応に感謝致します。」という意味を表す b が端的にその内容を伝えている表現であり正解です。a はフォーマル過ぎますし，c も exemplary handling という言い回しが大げさ過ぎて不自然な表現となっています。

Chapter 9: Dealing with Complaints—Complaints from Customers

苦情処理（顧客への対応）

ミッション:

おはよう太郎君。今回の君の任務は，NGS に関するお客様からの苦情に対応し，その怒りを納め，今後も NGS をご愛顧いただけるようにすることじゃ。ただし，一方的にお客様の苦情に対し謝るだけではいかん。

プロフェッショナルとして，お客様が何に対して苦情を言っているかを聞き，そして，その問題に対し適切な回答をすることが必要じゃ。時としては，お客様に対し，会社として対応できないことははっきりと「出来ない」，と冷静に説明する必要もある。なんでもお客様の言いなりになっていては，会社は成り立たんのじゃ。苦情を言うお客様に対応するコツは，1に「聞く」，2に「聞く」，そして3に「聞く」じゃ！間違ってもひとつの苦情に対し，一方的にこちらの言い分を説明することのないようにするのじゃ。苦情を聞いてもらえないとお客様はこちらが言い訳をしているとさらに立腹される場合が多い。まずは，最後までお客様の話を聞いたうえで，何をお客様が求められているかを適切にプロとして対応することじゃ。今回のミッションはもしかすると今までの中で一番つらいものになるかも知れん。健闘を祈る。行け，太郎君！

ポイント:

- NGS のデザインと機能に関して，お客様からの電話での強い苦情に対して適切な対応を行う。
- お客様との会話の中から何が問題であったのか，より具体的な質問をしていくことで苦情の内容と本質的問題点を明確にしていく。
- お客様からの苦情に対して誠意をもって対応することで，なんとか NGS 製品を継続して利用してもらうように説得する。
- FPI の社内システムに保管してある出荷情報や顧客情報を活用することで，迅速な苦情処理を行う。

登場する猫

FPI エンジニア：
猫野太郎
(Taro Nekono)

お客様：
ハリエット ヒス
(Harriet Hiss)

Chapter 9: Dealing with Complaints—from Customers

(*At an FPI Customer Support Center, Oakland, California*)

Taro: [*telephone ringing…*] FPI, NGS customer support center. ***This is*** Taro ***speaking***. ***How may I help you?***

Harriet: ***I would like to file a complaint regarding*** the NGS. I purchased the NGS two months ago and I'm sure the specifications of the product are inaccurate. The catalog says the monthly electric charge is supposed to be only $10 per month, but my bill this month was for over $700. Besides, the machine makes too much noise. I cannot relax at all. If you ask me, the catalog gives false information[1], which is against the California Product Liability Law.[2] If these issues are not cleared up, I am seriously thinking about suing[3] your company.

---

1 wrong, incorrect, inaccurate 等もあわせて使えるようになりたいものです。false はまだ「間違って実施された」という善意を含む意味がありますが，これが悪意のある間違えになると "fabricated" 等強い意味の言葉になります。

2 「PL 法」のことを指します。アメリカの中でもカリフォルニアは特に，PL 法等を含め法令遵守に対して厳しい罰則を用意しています。ちょっとした手違いから消費者に誤解を与え，それによって莫大な保証金を請求されるケースはアメリカでは珍しくないことです。細心の注意を払う必要があります。

3 「告訴」のことで "file charges against" も同じ意味になります。

Taro: ***We are sorry to hear about any inconvenience*** you have encountered. ***I am here to help you, ma'am***[4]. ***Your satisfaction is our foremost concern***. ***Before we begin the diagnosis of the problem***, we need to have your name, ma'am. May I have your name, please?

Harriet: My name is Harriet Hiss.

Taro: ***Thank you***, Ms. Hiss. We also need to ask you for the NGS serial number located on the right-side of the NGS and also on the last page of the NGS product manual. The number is an seven-digit number beginning with 6148. Can you give me that information, please?

Harriet: I have the serial number here. It is 6148-123

Taro: Thank you, Ms. Hiss.[5] We also need to have your current address and phone number, please?

---

4 顧客対応時に礼儀正しく接することはとても重要です。日本の「お客様は神様」ではありませんが，1人のプロとして，会社を代表してお客様に接することになるので，丁寧な言葉遣いを選ぶことは重要です。しかも丁寧に話すことで今直面している問題以外に別の問題を増やさないようにする予防措置にもなります。丁寧，冷静かつ正確な対応を心がけたいものです。前述しましたが “Sir, Ma'am” は常に使うべきものではありません。その時々の状況に合わせて上手に使えるようになりましょう。初対面の人で明らかに立場が上の人，および年齢が上と分かる人には “Sir, Ma'am” を最初は使うことをお勧めしておきます。

5 Mr. Mrs.以外に Sir.，Dr.等様々な prefix（敬称）があります。難しいのは女性の場合で，既婚か未婚によって Mrs.か Miss.に分かれ，間違えたとき相手に不快感を与えやすいので注意が必要です。未婚か既婚か定かでないときは “Ms.” で呼ぶのが無難です。発音はミズ (miz) と発音します。覚えておきましょう。

Harriet: 9999 Catseye Drive, San Diego, California, 12345. The phone number is (555)-760-1212.

Taro: Thank you, Ms. Hiss.[6] Our database shows that you purchased your NGS on July 19, 2007 at the ACAT store in San Diego. The option was Type-H for indoor setting. You mentioned electricity consumption and noise issues. ***Is there anything else you wish to report[7] about***, ma'am?

Harriet: No, just those two issues so far.

Taro: Thank you, Ms. Hiss. ***First, let us address the noise issue***. The NGS noise level should be below 30 dB, which is almost the same as a household refrigerator. Has the product been making a big noise since the time you purchased it two months ago, ma'am?

Harriet: Actually, when I bought it, the NGS did not make that much noise. It suddenly started making a huge noise about a week ago. I cannot even watch TV if the machine is turned on.

Taro: I see. So the NGS was working fine until a week ago. ***Do you recall anything that may have caused*** the NGS to start making such a noise?

---

6 名前をきちんと覚えて呼びかけることはお客様と接する上で非常に重要な要素の一つです。きちんと名前を覚えていることは，聞き手が自分への対応をしっかりとしてくれていることを相手に対して自覚させる効果があり，対応に対する好感をもたれる要因となります。

7 ここであえて claim（苦情）といわずに report（報告）という単語を選択することも，顧客対応の上で，重要なテクニックの一つです。本当に問題があるのかどうかも分かっていない状況であえて問題を連想させるような単語を使用することは危険で，あくまでも報告された事象 (incident) に対し，自分が報告を受けた対応者として，出来る限りの解決策を探すのが目的であることを聞き手にアピールすることが海外では重要な会話の進め方です。

Harriet: Umm... I don't remember anything in particular.[8] Oh, yes now I recall. I was using the vacuum cleaner when I first heard the NGS make such a horrible noise.

Taro: I see. ***Thank you for sharing that information***. ***Now I need***[9] ***you to check*** the NGS, Ms. Hiss. Will you take a look at the back of the machine, please? I need you to check the tiny panel at the lower left. Would you take a look at it and let me know what it looks like?

Harriet: ***All right***. ***Wait a sec***. Can you hear how noisy it is? I am standing right in front of the NGS now.

Taro: You're right. It is indeed an irritating sound. Now, what do you see at the lower left corner on the back of the NGS?

Harriet: Umm...I see a square panel, about 2 × 2[10] inches, that has fallen off and is lying on the floor. Is this supposed to be closed?

---

8 「特に」という際に使いますが，もちろん "in special" でも構いません。

9 "want" と "need" を上手に使い分けるようになりたいものです。"want" と "need" の持つ言葉の微妙な違いを覚えておきましょう。"want" はこちらが何かをして欲しい，つまり one-way（一方向）の要求を，"need" はこちらが相手に何かをしていただきたいという必要性を訴える言葉です。お客様へのサービスという観点では "need" を使うのが適当です。

10 "two by two" と読みます。算数の場合，2 × 2 は "Two multiplied by two" もしくは "two times two" となります。もちろん掛け算の際に，"two by two" と言うことも可能です。他の言い方としては同じ数字を 2 乗する場合には "two squared" とも言い換えることができます。2 の 3 乗：2 cubed, Two to the third power，2 の 4 乗：Two to the fourth power。

Taro: Yes, it is, Ms. Hiss. Would you please[11] attach the panel back onto the NGS and see if the noise goes away?

Harriet: Ah! Yes! The noise has stopped. I am so sorry. I should have checked the machine first. What is the panel for and why did it cause such a big noise?

Taro: The panel is for maintenance access to the NGS power unit. It leads directly to the main power unit. That is why you heard such a loud noise. The panel acts as a silencer, too. I will file a report that the panel fell off during daily usage. Our designers need to improve this aspect of the product.

Harriet: Thank you. That resolves the noise issue. But what about my electricity bill? According to the manual, the NGS should use approximately $10 worth of power per month. But my bill last month was really high.

Taro: ***<u>Let's try to deal with this problem now, too</u>***.[12] First of all, was your electricity bill that high the previous month? You said that it was over $700 last month. How often do you use the NGS, ma'am?

---

11 “would” と“could” の違いも覚えておきましょう。どちらも過去形で使うことで“will” や “can” よりより丁寧な言い回しとなることは同じですが，“would” はお願いをする要素が強いのに対し，“could” は相手が何かをすることが出来るかを丁寧に聞くときに使います。つまり，時として “could you” と言うことは相手にそれが出来るかを確認することにつながり，不快に思う人も出てきてしまう可能性があります。

12 相手に対してあくまでも「共に」問題に対応するという意味で使われます。

Harriet: No, the bill was not that high the previous month. I think it was about $100. I used the NGS four hours a day for approximately 20 days—about the same for both months.

Taro: I see. So the NGS suddenly started to consume a large amount of electricity this month, then. Can you tell me if any of the warning lights on the front panel are red?

Harriet: No. All the lights are green.

Taro: I see. ***<u>Would you please check one thing for me</u>***, Ms. Hiss? Would you please check the power cable outlet to see whether the plug is firmly connected to the machine and also to the power outlet?[13]

Harriet: I did check the power cable and it looked OK to me.

Taro: I see. I would like to send one of our technical support people to your house to check the machine. Would this be OK, Ms. Hiss?

Harriet: Well, if it is this weekend. I'd prefer Sunday afternoon after four p.m.

---

13 意外なことに，多くのサポートコールは非常に基本的なチェックにより解決される単純問題であったり，お客様のうっかりミスであることが多いという統計結果が出ています。たとえば，スイッチが2つあることに気が付かないで，1つだけスイッチを入れて「電源」が入っていないのを，「製品が壊れた」といった報告をしてしまうといったケースです。こうした非常に単純な問題でも，当事者のお客様が強い思い込み により，クレームとなってしまう場合が多いようです。思い込みが強いと問題解決の妨げにもつながります。問題に対し，いかに冷静に判断し問題解決へとつなげるかがお客様対応コミュニケーションでの重要ポイントとなります。

Taro: Certainly[14]. I will make the arrangements[15].

Harriet: OK.

Taro: The NGS may consume[16] 20% more energy if the panel is open because the machine temperature drops. But this should not result in an electricity bill of $500 with normal daily use. Can you recall whether any event occurred over the last month that could have led to such extensive power usage?

Harriet: No, I can't…

Taro: Thank you, Ms. Hiss. It's summer, so the temperature drop should not have been that significant.

Harriet: Wait a second! We started using a swimming pool in our backyard a couple of weeks ago, and it has a whirlpool function. Let me check… Oh, my gosh! The switch is on…I am really sorry…I think that must be the reason for the high power bill.

---

14 この他にも "absolutely", "definitely", "totally" 等同意する場合の言い回しはいくつかありますので覚えておきましょう。

15 「手配する」というときに使います。その他にも "set up the schedule" 等があります。

16 被疑しているのはお客様の言っていることではなく，あくまでも科学的事実に基づく製品の問題であるようなニュアンスを含みながら被疑箇所を絞り込んでいくことが，お客様とのトラブル対応の会話では大切です。自分の言っていることを疑われていると感じると，お客様の不快感が増すので英語での言い回しには細心の注意が必要です。

Taro: ***No problem***,[17] Ms. Hiss. But just to be on the safe side, would it be all right if we sent our tech support person to see if the NGS is working properly? This will not cost you anything.

Harriet: Oh, by all means. Thank you so much for being so helpful.

Taro: ***My pleasure***.[18] Our tech support personnel will call to check on your NGS this Sunday at four p.m. His name is Jason. The case number is 123-123. You can call us at customer support anytime if you wish to reschedule.

Harriet: Thank you.

Taro: You are very welcome, Ms. Hiss. Is there anything else I can help you with today?[19]

---

17 "Thank you" という言葉に対して,「どういたしまして」と受け答えする場合，"not a problem", "not an issue", "not at all" 等の言葉でも言い換えることが出来ます。

18 他にも, "the pleasure is mine" や "you are more than welcome" といった言い方も出来ます。使い分けると会話が単調になるのを防ぐ事が出来ます。

19 これも顧客対応では非常に良く使われるフレーズです。「他にも何かお手伝いできることはありますか。」といったところです。

Harriet: No. That's all.

Taro: Thank you for your input.[20] You have been talking with Taro, by the way. Good day, Ms. Hiss.

Harriet: Thanks, Taro. Bye.

<Call completed.>

20 どんな場合でも（たとえクレームでも），連絡をしてくれたお客様に感謝の意を表すことが必要です。アメリカでは顧客満足度を CSAT (Customer Satisfaction) という顧客へのアンケート結果によって集め，それを使ってカスタマーオペレーションの指標とすることがあります。CSAT 結果によって，顧客対応に関する評価を計り，それをベースに昇給や昇格の指標の一つとするケースもあります。ビジネスの世界でも，身分や階級にかかわらず，相手があなたに対して何かしらの心遣いをしてくれたのであれば，“Thank you” と心から言えるようにしたいものです。

Chapter 9: 苦情処理（顧客への対応）

太郎：（電話が鳴る・・・）はい，NGS のお客様サポートセンターの太郎です。どの様なご用件でしょうか。

ハリエット：NGS に関する苦情なのですが。2 ヶ月前に NGS を購入したのですが，商品の仕様書の情報と実際の情報が正確ではないのではありませんか。カタログによると消費電力は 1 ヶ月で 10 ドル程度と書れてあるのですが，実際には 700 ドル以上の請求がありました。また NGS は音がうるさすぎます。
全くもってリラックスすることができません。カタログに誤った情報[1]を記載していることはカリフォルニアの「製造物責任法」[2]に違反していると思います。これらの問題を解決してくれない限り私はあなた方の会社を訴えること[3]も考えています。

太郎：お手数をおかけしまして申し訳ございません。我々の仕事はお客様の問題を解決すること[4]です。お客様が満足されることを一番に願っております。問題を解決する前にお客様のお名前を頂く必要がございます。お名前を教えてもらってよろしいでしょうか。

ハリエット：私の名前はハリエット・ヒスです。

太郎：ヒスさん[5]ありがとうございます。NGS の右側にある NGS の整理番号を教えて頂けますか。また NGS の商品マニュアルの最終のページにも整理番号は書いてあります。整理番号は 6148 から始まり 11 桁の番号です。もしあれば，教えて頂けますか。

ハリエット：はいありました。整理番号は 6148-123 です。

太郎：ヒスさん[6]ありがとうございます。ヒスさんの現在の住所と電話番号も教えて頂けますでしょうか。

ハリエット：カリフォルニア州サン・ディエゴ市キャットアイドライブ9999，郵便番号は12345です。電話番号は(555)-760-1212です。

太郎：ヒスさんありがとうございます。我々のデータベースによるとあなたはNGSを2007年7月19日にサン・ディエゴ市のACAT店で購入したとあります。室内用のタイプHのオプション選択されていますね。消費電力と騒音問題について言及されましたが他にも何か問題[7]はありましたでしょうか。

ハリエット：今のところその二件のみです。

太郎：ヒスさんありがとうございます。まずは，騒音問題についてから対応していきたいと思います。NGSから発生する音の大きさは家庭用冷蔵庫と同じで30デシベル以下のはずですが，2ヶ月前に購入したときから商品は大きい音を生じさせていましたでしょうか。

ハリエット：実は，NGSを購入したときは，それほど音は大きくありませんでした。それが突然，1週間前に突然大きな音を発生し始めたのです。機械の電源が入っているときはテレビをまともにを見ることもできません。

太郎：そうですか。1週間前までNGSは正常に稼動していたのですね。NGSが大きい音を立てるようになった理由について，何か思い当たることはありますでしょうか。

ハリエット：そうですね・・・特に[8]何も思い当たりません。あ，そうだ，NGSが初めてひどい音を出し始めた時，掃除機を使っていました。

太郎：そうですか，情報をありがとうございます。ヒスさん，NGSを確認してもらいたのですが，[9]NGSの後ろ側を見てもらってもよろしいでしょうか。NGSの後ろ側の下の左側にある小さいパネルを確認していただけますか。どの様になっているか私に説明してもらってもよろしいでしょうか。

ハリエット：もちろんです。ちょっと待ってくださいね。どんなにうるさい音か聞こえますか。今 NGS の前に立っているところです。

太郎：まさに苛立たしい音ですね。後ろ側を見てもらってもよろしいですか。NGS の下部の左の方に何が見えますか。

ハリエット：そうですね・・・2×2 センチ[10] の立法型のパネルが見えます。パネルが外れて床に落ちていますね。これは閉まっているものですか。

太郎：その通りです，ヒスさん。NGS の本体にパネルを戻し騒音がなくなるか試してもらってもよろしいでしょうか。[11]

ハリエット：あぁ，やりました。騒音はなくなりました。申し訳ありません。まずは，私の方にて機械を調べるべきでした。でもパネルは何のためにあるのですか。また何故あの様な大きな音を立てていたのでしょうか。

太郎：パネルは NGS の電源装置を整備するときに開けるものです。主電源に直結しているものです。音が大きかったのはそのためです。パネルは消音効果の働きも兼ねているのです。
毎日のご利用でパネルが落ちたと報告書を書いておきますね。商品開発デザイナーはこの点において商品を改善させる必要があると思いますので。

ハリエット：ありがとうございます。騒音問題については解決できました。でも電力に関する請求費用はどうなるのでしょうか。マニュアルによると NGS は 1 ヶ月で約 10 ドルであると書いてありました。しかし先月の費用は相当に高額な金額でしたが。

太郎：では次にこの問題について解決していきましょう。[12] まずその前の月の電力費は同じ位高かかったですか。先月の請求に関して 700 ドルだったと仰っていましたが NGS をどの位ご利用になりましたか。

ハリエット：その前の月はそこまで高くはありませんでした。100 ドル位だったと思います。その前の月は NGS を 1 日 4 時間，1 ヶ月に 20 日ほど使用していました。先月利用していた時も同じくらいでした。

太郎：そうですか。となりますと NGS は突然今月になって多くの電力を消費し始めたことになりますね。正面のパネルの警告ランプが赤を示しているどうかを教えていただけますでしょうか。

ハリエット：いいえ，全てのランプは緑です。

太郎：わかりました。ヒスさんもう一つだけ私のために確認して頂けますでしょうか。ちゃんと機械と電源ケーブルがさしこんであるか電源ケーブルのコンセント[13]を確認して頂いてもよろしいでしょうか。

ハリエット：電源ケーブルは確認しましたがとくに問題はないように見えました。

太郎：そうですか。機械を点検させるため自宅に技術者を派遣してもよろしいでしょうか。ヒスさん，それでよろしいでしょうか。

ハリエット：今週末であれば日曜の午後 4 時以後だといいのですが。

太郎：もちろんです。[14]私の方で手配[15]するように致します。

ハリエット：分かりました。

太郎：パネルが開いている場合機械の温度が下がるため，NGS は通常よりも 20 %以上の電力を消費するかもしれません。[16]しかし日常的な機械の利用をもってしても電気料金請求書は 500 ドルにはならないと思います。先月，過度な電力消費をもたらした要因が，他にないか何か思い出せませんでしょうか。

ハリエット：いえ，思いだせません・・・。

太郎：ヒスさん，ありがとうございます。夏でもありますし極度の温度低下はあまり考えられないでしょう。

ハリエット：ちょっと待ってください！裏庭の渦巻き機能が付いているプールを使用し始めました。2週間前に使用し始めました。ちょっと確認してみます。あら，いけない！スイッチが入っていました。申し訳ないです。・・・たぶん高額な請求はこれが原因だと思います。

太郎：とんでもありません[17]，ヒスさん。念のために NGS が正常に機能しているか技術者を派遣してもよろしいでしょうか。これは，無料で行いますので。

ハリエット：もちろん構いません。本当に助かりました。ありがとうございます。

太郎：どういたしまして，我々の技術チームは日曜 4 時に NGS を点検するために出向きますので。名前はジェイソンです。取り扱い番号は 123-123 になります。顧客サポートに連絡して頂ければいつでも日程変更はできます。

ハリエット：ありがとうとございます。

太郎：どういたしまして，ヒスさん。本日，他に何かお役に立てることはございますでしょうか。[19]

ハリエット：いいえ，以上で大丈夫です。

太郎：お電話ありがとうございました。[20] 太郎がお電話を受付けました。
ヒスさん，良い１日を。

ハリエット：ありがとうございます。では，これで失礼致します。
＜電話終了＞

太郎と確認するビジネス英語表現 ⑨

ポイント ①

We are sorry to hear about any inconvenience you have encountered. I am here to help you, ma'am. Your satisfaction is our foremost concern.
（お手数をおかけしまして申し訳ございません。我々の仕事はお客様の問題を解決することです。お客様が満足されることを一番に願っております。）

Chapter 9 のポイントも苦情処理ですが，ここでは小売店からではなく，商品を購入したお客様からの直接の苦情に電話で対応します。対応の仕方は販売員に対してと同様で，まずご迷惑をおかけしていることに対するお詫びを述べ，誠意を持って苦情に対応する姿勢を示しましょう。

ポイント ②

You have mentioned electricity consumption and noise issues. Is there anything else you wish to report about, ma'am?
（消費電力と騒音問題について言及されましたが，他にも何か問題はありましたか。）

次に問題点を整理し，現状把握をします。お客様からできるだけ詳細な情報を聞き出し，何が問題の原因なのかを突き止める必要があります。"You have mentioned ..." とお客様の抱える問題を確認した後，"Is there anything else you wish to report about?" という質問から始め，原因分析のために様々な角度から質問を続けましょう。

ポイント③

Do you recall anything that may have caused the NGS to start making such a noise?

（NGS が大きい音を立てるようになった理由について，何か思い当たることはありますか。）

これも質問の仕方の一例です。電話でのやり取りなので，問題の原因となる可能性について，できる限りお客様から詳細な情報を聞き出す仕掛けを作りましょう。そのためには問題となりそうな様々なケースを想定し，予め質問項目をリスト化しておくことも重要です。

ポイント④

Just to be on the safe side, would it be all right to send our tech support person to see if the NGS is working properly? This will not cost you anything.

（念のために NGS が正常に機能しているか技術者を派遣してもよろしいでしょうか。これは，無料で行いますので。）

本課では電話のやり取りを通して，製品自体の欠陥ではなかったことが判明しましたが，充実したアフターケア体制の一環として技術者を送り込むなどのオファーも大切です。その際にも，“would it be all right to ～?” といった，押し付けがましさのない丁寧な表現を使うことを心がけましょう。一人ひとりのお客様の満足を得ることが，結果的に新製品の拡販につながります。

どく太に挑戦 ⑨

挑戦 1 ハリエットさんからの電話への最適な太郎の応対を入れるのじゃ。

Harriet: My appliance is making too much noise!
Taro: 1. ______________________________
Harriet: Well, I am very disappointed with your product!
Taro: 2. ______________________________
3. ______________________________
Harriet: Well, I hope so.
Taro: 4. ______________________________

a. Your satisfaction is our foremost concern.
b. We are sorry to hear about any inconvenience you have encountered.
c. Before we begin the diagnosis of the problem, we need to have your name, ma'am.
d. I am here to help you, ma'am

挑戦 2 太郎の質問に対するハリエットさんの最も適切な解答を選ぶのじゃ。

Taro: Do you recall anything that may have caused the problem?
Harriet: 1. ______________________________
Taro: Would you please check something for me?
Harriet: 2. ______________________________
Taro: Is there anything else you wish to report?
Harriet: 3. ______________________________

a. Yes, certainly.
b. No, I don't.
c. No, that's all.

どく太の解答と解説 ⑨

挑戦 1　どうじゃった？では解答と解説じゃ！

正解 b - d - a - c

Harriet: My appliance is making too much noise!

Taro: 1. We are sorry to hear about any inconvenience you have encountered.

Harriet: Well, I am very disappointed with your product!

Taro: 2. I am here to help you, ma'am.

3. Your satisfaction is our foremost concern.

Harriet: Well, I hope so.

Taro: 4. Before we begin the diagnosis of the problem, we need to have your name, ma'am.

この問題を解くポイントは，電話の応答の流れを考えることです。ハリエットの最初の発話は，「製品が大きな音を立てている」という具体的な苦情なので，それに対してまず「お手数をかけたことに対して申し訳ない」というお詫びの言葉を伝えることが肝心です。したがって 1.の正解は b になります。そのお詫びの言葉に対してもハリエットは製品に対する失望感を述べており，それに対する太郎の発話はその気持ちをなだめるものが来ると予測できます。そのように考えると，2.と 3.には c の「問題を解決する前にお客様の名前を聞く必要がある」は入らず，a の「お客様の満足が一番大切」という発話か，d の「私の仕事はお客様の問題を解決すること」という 2 つの選択肢の可能性が考えられます。ハリエットの「そうであることを望みます」という応答は，a の発話と結びつくため，3. には a が入り，2. 4.の正解は，d, c ということになります。

挑戦 2　では，次に解答と解説じゃ。

正解 1-b　2-a　3-c

Taro: Do you recall anything that may have caused the problem?
Harriet: 1. No, I don't.
Taro: Would you please check something for me?
Harriet: 2. Yes, certainly.
Taro: Is there anything else you wish to report?
Harriet: 3. No, that's all.

1 は，Do you ～?という質問なので，b の No, I don't.が適切な回答です。2 は，Would you ～?という質問形式になっていますが，意味的には「～してもらえますか。」という依頼を示す表現となっているので，その回答としては a の Yes, certainly.「もちろんです。」が正解となります。3 は，Is there ～?「～はありますか。」という there を使った質問形式なので，そのパターンに合った回答である c の No, that's all. が正解となります。

Chapter 10: Reporting on New-Product Sales

新製品売上結果の報告

ミッション:

おはよう太郎君。今回の君の任務は，DASH プロジェクトの締めくくり，年次総会（アニュアル・ミーティング）でのプロジェクト結果報告と，今後に向けての新プロジェクトのアナウンスじゃ。

「ほう・れん・そう」というようにビジネスの世界では，報告・連絡・相談をすることは非常に重要じゃ。これがうまく出来ないと，どんなにがんばって働いても誰からも評価されないのじゃよ。

大勢の前で話す時は，いくつかの注意が必要じゃ。まずはいつもよりゆっくりとしゃべること。大勢の前に出ると誰でも上がってしまい，知らず知らずのうちに早口になってしまうものじゃ。少しぐらいゆっくりと話すほうが，聞き手も話を聞きやすい。そして，的確に要約したスピーチが必要じゃ。特に，随所に目標値や評価指標，つまり数字を入れたわかりやすい表現をし，かつ聞き手に適度にアイコンタクトをとることも重要じゃ。人の目もまともに見ず，話すやつなど，わしゃ話を聞く気にもなれんからな。同じ事を重複して言わないようにすることも重要じゃ。人は繰り返し同じ事を聞くと退屈してしまう。特に我ら猫はすぐ寝てしまうから気をつけねばならん。観衆の興味を引くような声の強弱，使用する言葉の選択，そして，話す際の態度にも気をつけると，よいプレゼンテーションが出来るぞ。

FPI の年次総会には社長以下，社員全員が参加する。皆の前ではうっかりミスなどは出来んぞ！まずは DASH プロジェクトの第一フェーズを終えた報告をし，次なるチャレンジを皆に伝えて，会社の皆の士気を高めるのじゃ。行け，太郎君！

ポイント:

- 全社員が参加する年次総会にて DASH プロジェクトの結果報告を行う。
- 適切なプレゼンテーションテクニックを活用し，明確かつ効果的に NGS が会社の売上に対してどのくらい貢献したのか，最終的な実績を含めて発表をする。
- 今後 3 年間の NGS の売上目標と，欧米での成功体験より策定した欧州 NGS 販売戦略について説明を行う。
- また，NGS 製品の課題である品質の不良品が 3% 程度あり，カスタマーセンターでは数多くのお客様からのクレームが寄せられていることを説明し，今度の対応策についても発表する。
- NGS の企画立案から製造・販売に携わった DASH プロジェクトメンバー全員を，プロジェクト責任者として祝福する。
- 今後の NGS の開発プランと販売戦略について説明をする。

登場する猫

FPI エンジニア：
猫野太郎
(Taro Nekono)

FPI 代表取締役社長 (CEO):
猫野嶋蔵
(Shimazo Nekono)

FPI 業務執行役員 (COO):
猫野はじ目
(Hajime Nekono)

FPI 技術研究所所長：
猫野どく太
(Docta Nekono)

FPI 新製品開発本部長：
三毛野かつ男
（Katsuo Mikeno）

FPI 営業本部長：
海野穴子
(Anago Umino)

FPI マーケティング本部長：
虎野ふぐ
(Fugu Torano)

FPI 技術研究所技術主任：
猫野缶
(Kan Nekono)

FPI 技術研究所：
猫仁小判
(Koban Nekoni)

FPI 技術研究所：
猫仁まさ
(Masa Nekoni)

Chapter 10: Reporting on New-Product Sales

Chapter 10

(At an FPI Conference Room)

Shimazo: ***First of all, I would like to express my sincere gratitude to everyone for your efforts and hard work over the past year***. ***As you already know***, FPI has achieved tremendous growth in sales, our greatest ever. ***Our success could not have been possible without*** your continuing loyality to FPI.

I am honored to announce that[1] thanks to our new product, the NGS, FPI closed the year with significantly increased domestic sales and extensive revenue growth in the North American market. Last year was, without a doubt, a remarkable year[2], and we are expecting even more progress in upcoming years[3].

Again, ***I would like to thank all of you for your devotion***. At this time, it is my great honor to introduce a key member of the DASH project, Taro Nekono, the project manager. Taro will be giving you an overview of the last year's DASH project. Ladies and gentlemen, Taro Nekono!

---

1 スピーチ等で他の人を紹介する際の常套句で，“I am pleased...” や “It is my great honor...” 等もよく使用される言い回しです。

2 “good” や “wonderful”，または “excellent” という言葉でも良いですが，インパクトのある台詞となる強い言葉を用いることでより良い結果をさらに強調することができます。

3 “next year”（次の年），“following year”（次の年），“hereafter”（今後）等の言葉も同様に覚えておきましょう。

Taro: Thank you, sir.

Good morning, team[4]. ***It is my great pleasure to*** share with you this report on our tremendous success the past fiscal year[5]. As all of you know, with Doc's support last year, FPI developed the Next Generation Sun (NGS) which produces artificial sunlight. We launched a strategic sales campaign in the North American market with ACAT Corporation as a partner. The project was, indeed, an enormous challenge for FPI. We entered a new market with a new FPI proprietary product.

Originally, DASH was started to develop a strategic new product to boost FPI's sales, with $5M per year as the primary target. ***Thanks to everyone's support, we were able*** not only to achieve, but to surpass this goal.[6] ***Please turn your attention[7] to the screen, which shows*** the summary of last year's NGS sales results in North America.

Monthly sales have risen sharply[8] over the last four months and are continuing to rise. As you can see, the first three months were difficult as this was FPI's first product for the North American market. ***Thanks to the excellent work of*** the DASH team, however, we were able to exceed the target, achieving $5M in revenue in the first 10 months. Consequently, NGS sales ended up at $20M, or 400% of the original target. We are expecting continuing growth in the coming year.

4「皆」という言い方にも，“Everyone”，“Ladies & Gentlemen”，“Guys（主に男性のみ）”，“Folks” 等様々です。状況に合わせて使い分けてみてください。

5「会計年度（fiscal year)」に対するのは “calendar year（普通のカレンダー）” です。

6 “exceed”，“beat” 等の言い方も可能です。

7 “have your attention” でも同じ意味になります。

8 他にも “rapidly”，“radically” 等があります。一つの文章に同じ単語を多用せずに出来るだけ色々な種類の単語で置き換えることは，語彙の多さ，つまり教養の深さを暗示するだけでなく，聞き手を飽きさせにくいスピーチにもつながり重要です。

<u>The next slide shows</u> the sales results by segments and regions[9]. ***<u>The Delta</u>***[10]***<u>, compared to other typical competitor sales in North America, is about 90% with a range of 26% to 188%</u>***. With continued investment in NGS development, we hope to dominate the market and increase sales even further. Our team is estimating up to $50M in revenue in the U.S. market this fiscal year. This figure is expected to jump to a total sales revenue of $200M by the year 2013.

Project DASH has made us ***<u>aware of market opportunities</u>***,[11] and ***<u>we have designated</u>*** multiple focus-areas for the next 36 months to deliver on our goal of $200M by 2013. In order for us to attain this goal, we plan to market the NGS in Europe. Increasing production while maintaining the high quality will be a challenge. The monthly performance range will be from 95% to 99% for Japan and 92% to 98% for U.S manufacturing.

The defect rate[12] has slightly increased recently to 3% of total shipments, which has led to an increase in the number of customer complaints to the FPI support center. What this means is that it is imperative that we stabilize product shipment and put more focus on product quality and customer satisfaction.

---

9 会社の売り上げや戦略は segment（顧客規模・顧客業種）や region（地域）別に分けてよく分析されます。売上げ分析する際に，覚えておきましょう。

10 数学で使う「差分（増減）」をあらわす単語です。

11「市場参入のチャンス」という表現で使われています。他にも，売上分析独特の言葉は是非とも覚えましょう。例えば “opportunity cost”，“sink cost”，“cash cow” 等があります。

12 前述した「6 シグマ（σ）」とは統計学でいう「標準偏差」，言い換えれば数値のばらつきを表す値が 6 レベルにあるというもので，数学では 100 万回に 3 個から 4 個のエラー数があることを表します。言い換えれば，100 万個の製品を生産した場合に，3，4 個以内の不良しかない状態を 6 シグマと言います。これを目指した品質改善の取り組みを「6 シグマ」といい，GE（General Electrics）やモトローラという大企業で導入され大きな成功を収めています。

<u>On the bright side</u>, the average production volume for the last six months of the year was higher than for the first six months, so we are moving in the right direction. But we still need to improve quality, and will thus continue to look for ways to improve and scale up our processes to ensure another big win in this fiscal year.[13]

<u>Discussions within the Team have already led to improvements in</u> our product and sales processes. We are therefore ready for the European market.

<u>In summary</u>, ***<u>we are moving forward and will introduce a new improved version of</u>*** the NGS in the European market to achieve our revenue goal. Doc and the R&D team are working to make the size of the NGS even smaller than a 40-inch TV. This will create more opportunities for FPI to develop NGS technology for the home appliances[15] market.

I am also pleased to announce a new promotion[16] award. Today, we are launching the MATATABI AWARD, which will be given monthly to individuals or teams who have made outstanding contributions to the implementation of our fiscal year initiatives. Nominations will be evaluated by FPI board members and winners will be announced at the end of each month.

---

13 米国企業では us. GAAP 会計制度のための会計年度（fiscal year）を採用しているところが多い事は前述しました。通常，それらの企業で 1 年というと，ほぼこの「会計年度」を指します。会計年度では必ずしも 1 月 1 日が年度初めとなるわけではなく，各企業が決めた年次に応じて年度初めと年度末が決まります。米国企業では 8 月から 9 月を年度初めとすることが多いようです。

14 スピーチの終わりにまとめを話すことは重要で，話を締めくくる際に良く使われる言い回しです。

15 「家電製品」の事です。アメリカでは家事に使う機器は “home appliance” と呼ばれ，“home electronics” は使われません。

16 ここでいう promotion は「昇格」,「昇給（salary raise）」が相当します。会社で社員に対する promotion というとまさに昇進を意味します。

Today, ***we celebrate*** our tremendous success over the past year.

The possibilities for the NGS ***are enormous***. I, Taro Nekono, will continue to lead this project. We will continue to focus on healthcare products, solutions, and services with the NGS over the next three years[17].

Thank you all for your excellent support and a great year! We look forward to even greater success this year!

---

17 何かを始める場合，何事もまず3日，3週間，3ヶ月，3年という「3」を一区切りにして実行してみることをお勧めします。プロジェクトもそうですが，何事も期限を区切って実行しないとズルズルとまとまりなく，時間と労力を無駄にすることが多いものです。「3」の倍数の期間ごとに現在の状態を振り返り，それを継続するかどうか判断することは，時間の有効活用の観点からも大切です。たとえば，自分の人生もまたひとつの大きなプロジェクトといえます。無駄に時間を過ごしたり，自分の嫌なことの終わりを設定することなくやり続けるよりは，期間を定め，その期限が来るたびにそれをやめるかどうかを，判断するロードマップ（またはマイルストーン (milestone)）として使いましょう。

Chapter 10: 新製品売上結果の報告

嶋蔵：最初に皆様の尽力と頑張りに感謝の意を表したいと思います。ご存知のように，FPI において今までにない大きな収益を上げることができました。この成功は FPI に対する皆様の持続的な献身がなければ可能ではなかったでしょう。

我々の新商品である NGS に関する国内販売は拡大し，北アメリカ市場における収益も増加して一年を締めくくることができ誇りに思っています。[1] 昨年は間違いなくすばらしい年[2] であり，これからの年[3] も更なる前進があると期待しています。

皆様方のご尽力に感謝いたします。そして DASH プロジェクトには欠かせないメンバーであるプロジェクト・マネージャーの猫野太郎氏を紹介したいと思います。太郎氏より昨年の DASH プロジェクトに関する報告を説明致します。では太郎氏を紹介したいと思います。

太郎：ありがとうございます。
チームの皆様。[4] 昨年の会計年度[5] ですばらしい成功を収めたことは喜ばしい限りです。皆様のご承知の通り，FPI は昨年技術研究所所長であるどく太氏の支援を得て，人工太陽光を発生させる装置である NGS の開発に成功いたしました。ACAT 社とのパートナーシップで北アメリカ市場において戦略的な販売を展開させてきました。このプロジェクトは FPI にとっては大きな挑戦でした。私たちは新しい市場に FPI の登録商標製品をもって進出したのです。

当初の予定では，DASH は FPI の収益を各年 500 万ドルまで増加させることを第一目標とし，新商品の開発を開始いたしました。皆様のご協力によりこの目標を達成しただけではなく，この目標を更に超える[6] ことができました。北アメリカにおける昨年の NGS 販売の概要を示すスライドをご覧ください。[7]

4 ヶ月前から月々の売り上げは劇的に伸び[8]，増加し続けています。北アメリカ市場において初めてのFPI商品であったため，最初の3ヶ月は困難を極めました。DASHチームのすばらしい活躍により最初の10ヶ月で500万ドルの収益を超えることができました。最終的なNGSの売り上げは2000万ドルに上がり，当初の目標の400パーセントという結果となりました。来年度は更なる収益の伸びが期待できるでしょう。

次のスライドは業種別また地域別の売り上げを示しています。競合他者と比較して，北アメリカにおける売上率は90パーセントで，売り上げの増減は126パーセントから188パーセントで今後も継続的にNGSの開発に対して投資していくことで，市場を独占し今年の会計年度に更に売り上げを拡大させていきたいと考えています。我々はアメリカ市場で5000万ドルの収益を予想しており，2013年までに売り上げは2億ドルを達成できると考えております。

DASHプロジェクトは市場参入機会の可能性[11]を我々に示してくれました。2013年までに2億ドルの売上げを達成する目標を実現するためにも，今後の36ヶ月を対象としてさまざまな地域を選択しました。この目標を実現するために我々はヨーロッパ市場に進出することにしました。
高品質を維持しながら，生産を増やすことは厳しい課題となるでしょう。日本における月々の生産能力は92パーセントから99パーセントであり，アメリカは92パーセントから98パーセントです。
最近の，欠陥率[12]は僅かながらも全出荷件数の3パーセントにまで増加し，これはお客様サポートセンターに寄せられる苦情件数と比例しています。商品の出荷を安定化し商品の品質とお客様の満足度の向上に専念しなければなりません。

明るい面では，今年度後半の6ヶ月における平均生産量は前半期の6ヶ月を上回ったため，正しい方向に進んでいると考えています。しかしながら，品質はかならず改善しなければなりません。そのためにも，次の会計年度[13]でさらなる勝利を収めるために，今までの業務のプロセスの改善を進めまた販売能力を拡大する方法を見つけなければなりません。

チーム内で議論することで商品や販売プロセスに関する改善を図ることができました。その結果ヨーロッパ市場に進出する準備が整いました。

今までの話を要約すると，[14]収益目標を達成するために，我々はさらに前進しNGSの改良版をヨーロッパ市場に売り込みたいと考えています。どく太氏と研究開発チームは，NGSを40インチテレビよりさらに小さくしようと尽力しています。家庭用電化製品[15]市場においてNGS技術を発展させる更なる機会をFPIに与えてくれることでしょう。

新しい昇進の賞[15]について発表したいと思います。本日より始まるマタタビ賞を発表します。その年の最重要施策の実現に貢献した，個人やチームに毎月送る賞です。FPIの委員会メンバーによって賞の対象が推薦されたその内から各月末に最終結果を発表します。

今日，過去数年間におけるすばらしき成功を共に祝福しましょう。

NGSの可能性は計り知れません。私，猫野太郎が継続して新プロジェクトを指揮してまいります。今後3年間[17]は引き続き健康機器，NGSによる実業や，サービスに焦点をあてて取り組んでいきたいと思います。

皆様全員のすばらしいサポートと，良い一年に対し感謝申し上げます。今年度も更に良い年になることを楽しみにしています！

太郎と確認するビジネス英語表現 ⑩

ポイント①

First of all, I would like to express my sincere gratitude to everyone for your efforts and hard work over the past year.

（最初に皆様のご尽力と頑張りに感謝の意を表したいと思います。）

Chapter 10 のポイントは，1 年間の締め括りの会議での DASH プロジェクトの結果報告です。本題に入る前に，この 1 年間，このプロジェクトに関わってきた人たちへのお礼と労いの気持ちを示すことから始めましょう。この表現を雛形として覚えておき，様々な場において使用できるようにしておきましょう。

ポイント②

"Our success could not have been possible without…" "I am honored to announce that…" "It is my great pleasure to…" "Thanks to everyone's support, we were able to…"

（「この成功は～がなければ可能ではなかったでしょう」「～と述べることができ誇りに思っています」「～できることは喜ばしい限りです」「皆様のご協力により～することができました」）

結果報告をする際に使える表現です。これらは，単なる結果報告に留まらず，皆様のご協力があってこそ可能となった結果であるという旨をしっかりと伝える表現となっています。こうした感謝の気持ちを散りばめることによって社員の士気も高まり，販売へのさらなる貢献も期待できます。人の気持ちは表現の仕方によって左右されることも多いので，感謝の気持ちは常に忘れずに表現できるようにしておきましょう。

ポイント③

In summary, we are moving forward and will introduce a new improved version of the NGS in the European market to achieve our revenue goal.
（今までの話を要約すると，収益目標を達成するために，我々はさらに前進し NGS の改良版をヨーロッパ市場に売り込みたいと考えています。）

結果報告においては，説明が長くなって分かりづらくなってしまうことがあります。そのような時には，一通り説明を終えた後に "In summary" という表現を使って，全体を要約し，分かりやすくまとめるようにしましょう。最終的に聞き手が重要なポイントをしっかり理解することが大切なのです。

ポイント④

Thank you all for your excellent support and a great year, and we look forward to even greater success this year!
（皆様全員のすばらしいサポートと良い一年に対し感謝申し上げます。今年が更に良い年になることを楽しみにしています！）

プレゼンテーションの締めの言葉です。プロジェクトの成功に対する，皆様への感謝の気持ちとさらなる発展を祈念した表現です。"excellent" や "great"といった単語を使うことによって，感謝の意を強めています。プレゼンテーションを閉める表現として，感謝表現を使うことは極めて多いので，いくつかの雛形を覚えておいて自由に使いこなせるように練習しましょう。

どく太に挑戦 ⑩

挑戦 1 会議の冒頭の挨拶の文章を適切な表現を選び完成させるのじゃ。

(1) ____________, I would like to express my appreciation for all of the efforts you have made to advance sales. (2) ____________, we have recorded impressive growth in sales over the past year. (3) ____________, it is my pleasure to turn the meeting over to our sales team manager.

a. First of all　b. On the bright side　c. As you already know
d. In summary　e. Today　f. Now

挑戦 2 ストーリーとしての最適な順番に以下の文章を並べ替えてみるのじゃ。

1. On the bright side, the average production volume has risen.

2. Thus, the possibilities for the product are enormous.

3. The defect rate has increased slightly.

どく太の解答と解説 ⑩

挑戦 1　どうじゃった？では解答と解説じゃ！

1. 正解 a

First of all, I would like to express my appreciation for all of the efforts you have made to boost sales.

会議の冒頭は，集まった人たちへの感謝を表す表現で始まるのが一般的な流れであり，その挨拶の決まり文句として，First of all, I would like to express my appreciation for .... 「まず皆様に～に対する感謝の意を表したい」という表現がよく使われます。b の「明るい面では」と c の「皆様もご存知の通り」では，意味の上でも主文とつながらないので正解にはなりません。

2. 正解 c

As you already know, we have recorded impressive growth in sales over the past year.

c の As you already know「皆様もご存知の通り」は，達成した結果や業績を述べる際に発話の出だしでよく使われる慣用表現です。会議の冒頭の挨拶なので，d の In summary「要するに」という言い回しは不自然であるし，a の First of all「最初に」も，すでに集まった人たちへの感謝の意を示した後なので適切ではありません。従って正解は c になります。

3. 正解 f

Now, it is my pleasure to turn the meeting over to our sales team manager.

会議でのスピーカーをセールス・マネージャーに移すという次のステップへのつなぎ言葉となるので，「さて，次に」という意味の Now が適切であり，正解となります。e の Today「今日」や a の First of all「最初に」は，談話の流れを考えると不自然であり，正解にはなりません。

挑戦 2 では，次に解答と解説じゃ。

正解 3 - 1 - 2

3. The defect rate has increased slightly.

1. On the bright side, the average production volume has risen.

2. Thus, the possibilities for the product are enormous.

3つの文のそれぞれの意味を考えると，「ネガティブな情報」→「ポジティブな情報」→「ポジティブな今後の予想」という組み立てが自然な流れと考えられます。従って，「欠陥商品率はやや増加しているが，商品の平均生産量は上昇し，その可能性は測り知れない」という流れの 3-1-2 が正解となります。

ビジネスこぼれ話①

ビジネスの世界では 5W2H が必要です。5W1H の What? Where? When? Who? Why? How? までは出てきますがあとひとつの H がありますがご存知ですか。それは How much? です。

“Hi, all! Let’s have a party next week! What do you think?” といったメールをもらった経験はありますか。「誰に言っているのか。」「何を聞いているのか。」「受け取った側は何をしたらいいのか。」「何時からやるのか。」などの重要な情報が入ってないことも多いかと思います。注意しましょう。 また，「参加費は。」といった How much? や「どのように。」といった How? というポイントも忘れないようにしましょう。出来るビジネスパーソンのメールは 1 回の連絡で相手が判断するために必要な 5W2H が全て入ります。これによって不要な質問が減り，受け取り手も “Yes”, “No” の返事が明確に出せます。

ビジネスこぼれ話 ②

履歴書（Résumé）は新規の仕事に申し込む上で非常に重要な書類のひとつですが，日本とアメリカの履歴書の書き方やアピールするポイントは大きく異なることを知っておくことが大切です。

ご存知のように，日本の履歴書には本名，顔写真，性別，年齢，本籍，家族構成，学歴，資格等，仕事に申し込む人の個人情報をすべて書き込むようになっており，これらをすべて埋めておかないと逆に何か問題があるのでは。と勘ぐられてしまうことも少なからずあるでしょう。

これに対し，アメリカの履歴書は，募集されている募集枠（Position）に対して関連することしか書く必要はありません。性別，年齢も履歴書の段階で記載する必要もありませんし，運転手の Position に対する募集でもなければ自動車免許の有無などは書く必要もありません。顔写真も Résumé には必要ありませんし，これらの情報を会社が募集の段階で要請することは法律で禁止されています。確かに年齢，性別や顔がその仕事に影響することは無いのだからこれはフェアな考え方だといえます。

もちろん正式に面接を通過した後は，人事より法的に必要な情報や書類（生年月日，卒業証書（Diploma））等の提出が求められます。例として次のページに新卒の猫野太郎の履歴書をサンプルとして作成しましたので，日本の履歴書の書き方との違いを確認してみてください。

ビジネス英語の付録として，一般的な英語の履歴書（レジュメ）をサンプルとして掲載しておきます。日本の履歴書と比較した一番の違いは，応募する役職（ポジション）に対して明確な目的や面接官への明確なアピールポイントが簡潔にまとめられている点にあります。ぜひ，猫野太郎のレジュメを参考にして，皆様も英語のレジュメの書き方にトライしてみてください！

Taro Nekono

2-7-1 Minami-Akasaka, Minato-ku | Tokyo, Japan 107-1667 | (81) 3934-5167| tnekono@e-hotmail.com

---

OBJECTIVE:

To fully utilize seven years of experience in project management, and product development, and customer support to effectively manage a team to deliver quality products or services, from the planning phase to the actual launch of the product.

PROFESSIONAL PROFILE:

Leadership Ability: Inherent leadership skills with the ability to influence teams within the department as well as across the enterprise. Management philosophy centered on the individual, with a focus on innovation, teamwork, open communication, and personal growth.

Project Management/Management: Black Belt Six Sigma certified. Successful project management from planning through implementation phases. Successful management of resources locally as well as across the globe to meet set targets. Creation of cross-functional teams and committees. Utilization of project management software and process re-engineering/improvements.

Process Focus: International Organization for Standardizations (ISO) 9000/14000. Creation of processes such as enhancement reviews, global outsourcing, on-call, client support, and team documentation.

Communication Skills: Point-of-contact across company for stakeholders and upper management. Natural ability to work in a team environment. Superior people skills. Commitment to upon delivering on the needs and expectations of clients.

Language Proficiency: Business communication (oral and written) in English and fluent in Japanese.

PROFESSIONAL CREDENTIALS:

FELINE PRODUCTS INTERNATIONAL *–Product Development Division, Project Manager–* 06/05 – Present

- Responsible for overall management of new-product development, from planning to launch of the product, with a project budget of $10M.
- Responsible for interactions with most critical client escalations by understanding the nature of client requests and providing solutions and timelines for future deliverables
- Act as contact for all engineering business units. Provide updates and assess requirements to improve application perfromance, usability, and design
- Conduct marketing presentations and product demonstrations for new clients and

acquisitions.

・Conceive of creative themes for trade shows communicating product features, future roadmaps, and usability tips.

FELINE PRODUCTS INTERNATIONAL *–Product Development Division, Product Engineer –* 09/99– 06/05

・Developed key components for healthcare consumer products and reduced material costs by 20% to save company $400K per annum

・Led team of four to reduce number of failures by 34% and improve delivery times by 60%.

EDUCATION:

Tokyo Science and Technology University- MSc in Operations & Management Information Systems and Electrical Engineering

Central Tokyo University – BS in Electrical and Mechanical Engineering, with Associate's Certificate in Project Management

Certifications: Black Belt in Six Sigma; PMP, International TQM and ISO auditor

Management Training: Management Fundamentals, Project Leadership, Management, Risk Management, Managing Projects, Managing Engineering Projects, Managing Employee Performance.

英文レジュメを書くためのビジネス用語

PMP: PMI本部が認定しているプロジェクトマネジメントに関する国際資格。PMIが策定した知識体系である「PMBOK(R)」(Project Management Body of Knowledge)に基づいて実施され，受験者のプロジェクトマネジメントに関する経験，教育，知識を測り，プロフェッショナルとしての確認を目的とした資格。

TQC (Total Quality Control): 主に製造業において，製造工程のみならず，設計・調達・販売・マーケティング・アフターサービスといった各部門が連携をとって，統一的な目標の下に行う品質管理活動のこと。

TQM (Total Quality Management): 全社的品質管理手法「TQC」を基盤とし，さらにその考え方を業務や経営へと発展させた管理手法のこと。

ISO 9000: ISO（国際標準化機構）が定めた，組織における品質マネジメントシステムに関する一連の国際規格群。企業などが顧客の求める製品やサービスを安定的に供給する“仕組み（マネジメントシステム)”を確立し，その有効性を継続的に維持・改善するために要求される事項などを規定したもの。

ISO 14000: ISO（国際標準化機構）が定めた，組織における環境マネジメントシステムに関する一連の国際規格群。企業などの活動，製品およびサービスによって生じる環境への負荷の低減――環境パフォーマンスの改善を実施する“仕組み（マネジメントシステム)”を確立し，その活動を継続的に運用するために要求される事項などを規定したもの。

Six Sigma: 各種の統計分析や品質管理手法を体系的に使用して，製品製造やサービス提供に関連するプロセス上の欠陥を識別・除去することにより，業務オペレーションのパフォーマンスを測定・改善する厳格で規律ある経営改善方法論

出典:@IT情報マネジメント用語事典 (http://www.atmarkit.co.jp/im/terminology/)

ビジネスこぼれ話③

履歴書についてもう一つこぼれ話を記載しておきます。アメリカの履歴書は対象となる募集枠（Position）に対して，関係のある必要情報のみを履歴に書くことを「ビジネスこぼれ話②」で簡単に言及しました。つまり，IT ネットワークの会社に入る際に，調理師免許や船の免許を持っていること等は書く必要もありません。新卒ならば学部のどのようなコースを修了し，その中でも仕事に関連するどのようなプロジェクトを経験したのかを記述する必要があります。また，在学中にどんな職務経験（アルバイトやインターンシップ等）を体験したのかか等が重要なアピールポイントとなります。

逆に転職者の場合は，学歴も大切ですが，むしろ今まで働いてきた会社，どのような部署や役職でどのようなプロジェクトの実務経験を積み，実績を残してきたのかなどを記述することが大切になります。このため，希望する職種や自分の現在までの立場に応じて履歴書の書き方が大きく異なります。たとえば，新卒の場合であれば，学歴や専攻科目が履歴書の上部に書かれていることが重要ですし，中途採用に応募される方の場合は，今までの職歴及び実務内容の説明等を経歴書の頭の部分に記述し，学歴等は後方部分に記述することが大切です。

もう一つ注意したいポイントとしては，ブレットを使って解説を行う場合，文頭の「体」を合わせることです。たとえば，「動詞はじめ」，で文を書き出す場合，続く文章はすべて「動詞はじめ」であわせ，その時制もあわせるほうが履歴書の読者にプロフェッショナルとして洗練された印象を与えます。その際にインパクトのある単語を選ぶことも大切なポイントです。このような観点から，もう一度巻末にある猫野太郎の履歴書を参照してみてください。日本版の履歴書との違いが別の観点からも見えてくるでしょう。

ビジネスこぼれ話④

③のこぼれ話で，“インパクトのある言葉”という説明をしました。これは英語ではパンチ・ライン（Punch Line）とも言われ，日常口語では“Big Word”と言われあまり使われませんが，履歴書や教育・学問の世界等で使うと読み手に強い印象を与える有効な言葉です。たとえば，何かに秀でているといった場合に，単純に“Good at communication and leadership”と書くよりも“Excels in communication and leadership”書く方がプロフェッショナルな印象を読み手に与えます。

また，会社で公式文書を書く上で使ってはいけない，もしくは使わないほうが良い単語もあります。どのような単語が履歴書や公式文書に適切かどうかは国柄，そしてその時代に応じて変化していきます。こぼれ話②にお勧めの履歴書向け単語リストを記載しました。

ビジネスこぼれ話 ⑤

仕事を進めていく上で大切な概念の一つに「時間」があります。これは期間，期限を含め，仕事の上で必ず身につける必要のある重要なルールです。たとえば自分の引き受けた仕事が “due tomorrow morning” といわれたものを完璧に仕上げて 1 週間後に提出しても評価はされないでしょう。ビジネスの世界では限定された時間の中で出来うる最高のものを作ることも必要とされる場合があります。

アメリカでは特定のプロジェクトをフェーズ 1（phase），フェーズ 2･･･というように区切って，そのフェーズ毎に目標（(measurable) 定量的なものが望ましい）や成果物を明確にすることで，長期間に渡るプロジェクトを進めていくことがよくあります。

これは，長期期間におよぶプロジェクトを短期間のフェーズに区切って取り組んでいくことで，複雑なプロジェクトを細分化し，最終的なゴールに向かって各自が容易に管理できるレベルまで落すことで，品質や期限を管理しやすくする意図があります。

日本ではお客様に提供する製品やプロジェクトは完璧に近いものである必要があり，すべてが完全に終了するまでは予定していた期限をずらし（slide）てでもプロジェクトを継続しようとする傾向が強いかと思います。これはお国柄ともいえますが，アメリカではよく，ある一定レベルまで達成した製品を市場に出すことで，そこから見つかる消費者のフィードバックや報告される問題を解析・検証しながら，製品をより完成品に近づけていくことがあります。消費者側からすれば，これは大きな問題とも思える考え方ではありますが，きちんとフェーズ毎の目標値や期限を事前設定した上で予定された計画範囲内のことであれば，合理的に製品開発やプロジェクトを進めようとするアメリカの考え方も，あながち間違ってはいないように思えます。

ビジネスこぼれ話 ⑥

アメリカでは時として日本では考えられないような合理性に基づくビジネスの判断がおこなわれています。たとえば製品の欠陥に対する対応をとっても，日本ではその原因究明・予防措置（水平展開という言葉を使い一つの問題が他の製品にも出ないように対応する会社もあります）に全力を傾けますが，アメリカでは，欠陥品の対応として，新品への交換で対応する場合があります。これは，アメリカが世界一の経済大国・資源消費国ということが原因とも言えますが，製品欠損率を「0」にしようと日夜努力をし，起こってしまった問題の教訓を他にも活用していこうとする日本に対し，欠陥品はどうしても出てしまうものとして考え，そのロスを考慮したうえで製品原価を下げて対応しようとするアメリカのお国柄の考え方の違いもあると思います。

日本の品質に対する執着は自動車メーカーをとってみてもすさまじいものがあり，現実問題として考えられないような状況を想定した検査・検証をいくつも実施しています。消費者としては喜ばしいことですが，ビジネスという観点からみると，本当にそのような検査を多額の費用をかけてまで行う必要があるのか。必要性が低い検査をしないことによって製品の値段が下がるのであれば，そちらを選択する消費者も多いのではないでしょうか。会社がビジネスとして利益を生み出すことが基本である以上，バランスを考えたオペレーションが必要だと思います。

ビジネスこぼれ話 ⑦

あるビジネスパーソンが経験した実話になりますが，アメリカから日本の会社に移籍した際に，当時の上司に「ほう・れん・そう」を知っているか。と叱責されたことがあります。これは「報告・連絡・相談」をもじった言葉で，日本ではほとんどの新入社員が教えられる「社会人としての基本」だと後で教えられました。むろん彼はそんな言葉など聞いたことも無く，「無邪気に英語の “spinach” ですか。」と聞いてさらに当時の上司を怒らせてしまったそうです。

彼のケースのように，日本で当たり前でも他国では通じない「ビジネスにおける常識」は他にも沢山あります。たとえば FYI（For Your Information）等をメールにいきなり書かれてもわからない人も多いと思います。国々によって異なる「ビジネスにおける常識」について，知らないことを怒る上司にも問題があるかと思いますが，この「ほう・れん・そう」の習慣は実はビジネスの世界では世界共通のことなのです。

たとえば，上司から「この製品サンプルを至急アメリカに送付してくれ」と言われて対応した場合，製品をせっかくアメリカに送付したのにその結果報告をせずに後からその上司にサンプルの送付をしたのかを聞かれ「すでに対応済み」の旨を報告すると，「終わったならすぐに報告するものだ」と言われた経験のある人も多いのではないでしょうか。これは思い込みから来る問題で，サンプルを送った当人はサンプルを送付したので，上司から頼まれた仕事は完了済みと考えてしまいますが，上司からすれば依頼した当人から連絡が無いので，サンプル品はまだ送付されていないのではないかという単純な思い違いからくる問題です。

ビジネスの世界であっても対応するのは人間であり，その相手にあった対応が大切です。相手はあなたの考えていることや理解していることをすべて自動的に理解したり，把握できるわけではありません。たった一言でいいですから上司より依頼があったことに対して，自分がどのように対応したか「報告」する習慣を身に付けましょう。あなたの株が上がること間違いなしです。

ビジネスこぼれ話⑧

ここまでビジネスに関連したこぼれ話をしてきましたが，ちょっと脱線して外国での日常生活に関するお話をしたいと思います。

衣・食・住は生活のうえで非常に重要ですが，その中でもあるビジネスパーソンはアメリカでの海外生活を通じて「食」が非常に大切だと感じたそうですのでその話を紹介します。衣・住はその国にあったものを取り入れることは日本人にとって特にアメリカの場合は，ほとんど問題はありませんでしたが，食事が合わないとその国での長期滞在は非常に困難なものとなります。

アメリカにもイタリア・フランス・中国・韓国料理といった他国の食事がありそれらはなかなかおいしいのですが，朝食に食べる簡単なベーコンエッグ，冷凍食品やカップヌードル等は日本人の舌にはあまり，合わなかったようです。なんか一味足りないといったところでしょうか。科学的に言うとアジア人が旨みと感じる「アミノ酸」はヨーロッパ系の人には薬品の味がするのだそうです。これは単に我々の慣れ親しんだ味と基準が違うのですから仕方がありません。

話が脱線しましたが，この食がしっかりしていないと外国生活は苦痛の毎日です。おいしい食事を作れると，ホームパーティーを開いたり，友達とそれぞれの得意料理を教えあったりと，英語がまだ話せない時でも，料理の知識が人間関係を築くのにも結構役立ちます。

新しい国に行くのは山奥にキャンプに行くのに似ており，水・食料と言った生活に最低限必要なものが突然，文化，言語の壁により，簡単に手に入らなくなる事があります。今後海外での長期滞在をお考えの皆様は，ぜひとも事前に自分の好きな料理を１つ２つ作れるようになっておくことをお勧めします。好きなものが食べられるということで大抵のことは我慢できます。これって意外に大切なことなのです。

ビジネスこぼれ話⑨

「ビジネスこぼれ話⑧」に引き続き食事のお話です。アメリカのようにたくさんの人種が入り乱れた国では食に関して知っておくとビジネスでも良いことがたくさんあります。たとえばベジタリアンについて皆さんはどれくらい知っていますか。こんなことがありました。

友人がアメリカのレストランで “I am a vegetarian, so no meat please.” と事前にシェフに言っておいたのに，「豚肉や魚を出されたことがある」といって怒っていました。これは「牛肉等が “red meat” であるのに対し，豚肉，魚等は “white meat” なので大丈夫」という間違った考えによるものなのです。厳格なベジタリアンは肉を料理したフライパンで炒めた野菜はもちろん，同じ様に肉を上げた油でのフライすら拒否します。「てんぷらを食べたい」と言う外国の人に対して油にまで気を使う日本人は少ないかもしれません。味噌汁のダシに魚や貝を使っていることを忘れてしまい，せっかくのビジネスディナーが台無しになったのではたまったものではありません。

ベジタリアンだけでなく，宗教上の理由から豚肉や牛肉を食べることを禁止されている人々もいます。これからの国際社会において，単なるお食事会であっても相手が食事にどのような制限があるのかを事前に聞いてあげることは非常に大切なことなのです。

ビジネスこぼれ話 ⑩

英語を上手に話せるということはアメリカ人と誰でも友達になれるとは同義語ではありません。これは日本語を話せるからといって誰とでも友達になれないのと一緒です。英語が話せることは相手と意思の交換をする最初のチケットを手に入れただけに過ぎません。せっかく沢山の単語を覚え，完璧に文法を使えるようになっても，会話の内容を理解したり，相手の興味を引くような会話が出来なければ，相手は次回もあなたと話したいとは思わないでしょう。日本で皆から嫌われるような性格の人は，完璧な英語が話せても海外に行っても大概嫌われてしまうものなのです。

「ビジネスの現場ではプロフェッショナルな会話が出来ればよい」と思われている皆さんもいらっしゃるでしょうが，英語以外の教養や知識，そして，それらを題材にして相手と楽しい会話が出来ることはスムーズな会話を進めるために非常に重要です。英語の勉強だけでなく，文化，宗教，スポーツ，娯楽等の知識が相手との会話を弾ませることが結構あります。私もまだ十分な会話ができない時でもスポーツ等を通じて友達が出来，また，ゲーム等を繰り返すことで英語を覚えていったのを覚えています。英語はもちろん「言語」というものは実は誰でも日常会話レベルまではすぐに出来るようになるのです。これは皆さんが何も特にトレーニングをしないでも日本語が話せるのと一緒で，日常の生活で英語を聞いたり話したりする機会を増やせば必ず身につくものなのです。

最後にもうひとつ。早口でしゃべったり，聞き取りにくい話し方をする人は沢山います。これは相手に悪意があるのではなく，言語の修練完全で無い相手に対する対応に馴れていない人がいつもどおり話してしまうからです。「もうちょっとゆっくり話してください」と相手に言うことは失礼でも何でもありません。むしろわかったふりを最後まで通し，後で「もう一度」と聞くほうが失礼です。喧嘩や口論ならともかく，ビジネスはお互いの言っていることを正確に相手に伝える必要があります。わからない時は躊躇せずに質問し相手に自分の意思を伝えていくこと，これがビジネス会話を成功させる第一歩になるのです。皆様のご成功とご活躍をお祈りしています。

ビジネス・キーワード・リスト

あ

明るい面では，(On the bright side,　179)　182
ACAT シカゴ支店のトムです。(This is Tom from ACAT Corporation in Chicago.　136)　143
アドバイスを有難うございます。(Thank you for your advice.　59)　65
アドバイスを頂ければと思います (I'll need your advice on preparing　38)　42
貴方のすばらしい対応に感謝します。(Thank you for your excellent support.　141)　146
あなたの二つ目のご質問は (Your second question is　57)　64
ありがとうございます。(Thank you,　155)　163
いい質問ですね。(Good questions.　109)　113
いくつか質問をさせてください。(I have some questions.　109)　113
今，状況がよく把握できました。(I understand the situation now.　139)　144
今までの話を要約すると，我々はさらに前進し改良版を売り込みたいと考えています。　182
(In summary, we are moving forward and will introduce a new improved version of　179)
言われてみると (Now that you mention it　35)　40
うーん！ (Hmm ！　35)　41
お会いできることを楽しみにしています。(I look forward to meeting you,　141)　146
お集まり頂きありがとうございます。(Thank you very much for coming to　106)　112
大いなる可能性を秘めています (has enormous potential for　51)　62
お客様が満足されることを一番に願っております。　163
(Your satisfaction is our foremost concern.　155)
行ってください (I suggest we have　95)　98
教えて頂いてもよろしいですか。(Can you give me　136)　143
お手数をおかけしまして申し訳ございません。　163
(We are sorry to hear about any inconvenienence.　155)
おはようございます。私は (Hi. Good morning. My name is　122)　126
オフィスにいらっしゃいますか。それとも携帯にかけた方がよろしいでしょうか。　146
(Will you be in your office or should I call you on your cell phone?　140)

か

解決すべき事項はまだいくつか残っています。(We still have issues to resolve.　35)　40
開催してください (Set up　39)　42
開発アドバイザーのどく太と営業の穴子，マーケティングのふぐ，技術研究所技術主任の缶　42
(Docta, Anago, Fugu, and Kan　38)
確認をさせて頂いてもよろしいでしょうか。(Let me confirm　137)　143
軽く飯でも食べながら議論の続きをしないかい。　27
(Do you want to grab a bite and discuss this further?　25)
関する苦情が寄せられました。(I have a complaint regarding　136)　143
気になっており，(I am wondering　122)　126
業界最大手の企業にしてくれると考えております (should make … the leading company in　78)　82
競合製品としては (As a possible competitor　53)　62
今日はお越し頂きありがとうございます。(Thank you for coming today.　34)　40
議論をする価値はありますね (but I think it is worth　39)　42

掲載しています。(That's what we have.　38)　42
研究開発部門の太郎さん (Taro from the R&D　73)　80
現在審議されています (are currently being processed　74)　80
現在のプロジェクトの見通しを裏付ける裏づけは何かありますか　81
(What evidence do you have to support your claims?　75)
検証し (We will review　50)　61
現段階では (at present　34)　40
ご苦労様です (Well done　93)　98
ご紹介ありがとうございました (Thank you　73)　80
個人的には (Personally speaking　56)　64
ご静聴，そして継続的支援に感謝しております。　114
(Thank you all for your time and your continued support.　111)
ご存知のように，(As you already know,　176)　181
こちらにも書いてありますね (Yes, I see here that　138)　144
ことも忘れずに伝えください (Also, don't forget to tell them about　125)　128
この会議に出席しているメンバー以外に情報を開示しないようにお願いいたします。　61
(Please do not share what you learn today with anyone other than those present at this meeting.　49)
この会議に出席して下さり，ありがとうございます (I would like thank to all of you for　49)　61
このスライドでご覧頂けるように (As you can see from this slide　78)　82
この成功は～がなければ可能ではなかったでしょう　181
(Our success could not have been possible without　176)
このミーティングでは，～について皆様が思ったことを仰って頂ければと思います　61
(Throughout this meeting, we would like to ask all of you to express your thoughts regarding　49)
このミーティングは秘密厳守であり，「非情報開示契約」を遵守しなければいけないことをご留意ください
(Please remember that what is discussed of this meeting is highly confidental and that　61
everyone must comply with the non-disclosure agreement　49)
この様な状況のなかでどのように (Under these circumstances, how can　56)　64
この様な製品を考えついた競合会社は他にいないと思いますよ。もっと，商品について詳しく
教えてください。(I don't think any competitors have come up yet. Tell me more!　34)　40
ご覧いただけますように (You can see　52)　62
ご覧の通り (As you can see　75)　81
これが (This should be　57)　64

これらの～についてどうでしょうか。(How does that sound?　110)　114
これを実現させるために要求しています (We are asking for　51)　62
今回の新発明は (This new invention　51)　62
今回のミーティングは頂きました (This meeting has been called　49)　61
今年度も更に良い年になることを楽しみにしています！　183
(We look forward to even greater success this year!　180)

さ

最後の質問についてですが (To answer your last question　58)　64
最初に皆様方が (First of all,　122)　126

最初に皆様の尽力と頑張りに感謝の意を表したいと思います。 181
(First of all, I would like to express my sincere gratitude to everyone for your efforts and hard work over the past year. 176)
最初の企業になるだろう (Well, we would be the first 22) 26
さて，戻りましょう (Now, let's get back to 94) 98
さらに (such as 74) 80
しかし (However 53) 62
しかし，これらの数値は大まかな予想です (However, this is just a rough estimate 37) 41
しかし，だからと言ってとは限らないが (Yet that does not mean 76) 81

しかし忘れてはいけません (But we must not lose our focus 93) 97
試作品を市場性のある製品にするには (To develop the prototype into a marketable product 36) 41
事実です (It is true that 57) 64
史上最高の健康機器 (the best healthcare product ever 60) 65
市場参入機会の可能性 (aware of market opportunities, 178) 182
実は良いアイデアがある (actually, I do 21) 26
質問や意見があれば遠慮なくお願いします。 63
(Please feel free to express your opinions and ask questions. 54)
示すスライドをご覧ください (Please turn your attention to the screen, which shows 177) 181
重要なご意見ありがとうございます。(Thank you. You have raised some very good points. 57) 64
重要な点ですが，(Look, so long as 141) 146
準備してくれないかい (Could you prepare 24) 27
詳細につきましては仕様書を参照してください。 112
(Please refer to the specifications sheet for detailed information. 107)
焦点をずらし始めると (If we lose focus 94) 98
仕様と設計を変更することによって (By changing the specifications and design 91) 96
情報をありがとうございます。(Thank you for sharing that information. 157) 164
処理した後，30 分後に電話をかけるようにします。 146
(Let me handle this and get back to you in 30 minutes. 140)
随時私宛に送るようにしてください (Keep me posted 95) 98
少しお待ち頂いてもよろしいでしょうか。(Please hold for a second. 137) 144
スタート時に想定していたプロジェクトの範囲を遥かに超えています。 97
(I'm afraid it goes a bit beyond the original scope of the project. 92)
すばらしい。(Superb. 95) 98
すばらしい。(Excellent. 140) 145
すばらしい活躍により (Thanks to the excellent work of 177) 182
すばらしい情報提供を (Great input, 123) 126
全ての質問にお答えできたでしょうか (I hope I have been able to answer your question 58) 64
スライドからご覧いただけるように (As you can see from this slide 37) 41
成功する鍵 (The key to the success of 60) 65
成功すれば (By successfully launching 52) 62
製品名はきみにお任せするよ (As for the name 25) 27
セールスポイント（売り）は次の通りです。(The sales points of 106) 112
全員の了承を頂ければ，させたいと思っております 65
(With everyone's approval, we would like to 59)

選択しました (We have designated 178) 182
全力を尽くします (We will do our best to 60) 65
そして…です。(and I am 122) 126
その通りです。 (Exactly. 76, 125) 81, 127
それが問題なんだ！(That's the drawback. 23) 27
それはかなり大掛かりなプロジェクトですね。(That's quite a project. 36) 41
それはすばらしい！(Sounds good! 107) 113
それはとても興味深いね。(That sounds interesting. 22) 26

た

第一の波に我々は乗っているといえます。(This first wave of ~ is already upon us. 53) 62
大変誇りに思います (I am pleased to announce 106) 112
だからこの製品を一般消費者にも手に入れやすく，簡単に使えるようにする必要がある。
多大な苦労をかけたことを大変申し訳なく思っています。 144
(I am really sorry for all of the trouble. 139)
例えば今回の新製品は可能性をも秘めています (For example, it could 51) 62
頼りにしています (We are counting on 60) 65
太郎です。(This is Taro speaking. 154) 163
DASH に興味を示してくれると思っていましたよ (I knew you'd be interested in DASH 34) 40
知的財産権を確保する準備も同時に進めております 80
(We are also preparring to secure intellectual property rights for 74)
ちなみに試作品のスペックとコストはどれぐらいなんだい。 26
(What are the specs and cost of the prototype? 23)
チーム内で議論することで　改善を図ることができました。 182
(Discussions within the Team have already led to improvements in 179)
ちょっと待ってくださいね。(Please wait a sec. 157) 165
ついては，明日また連絡致します。(I'll get back to you about that tomorrow. 141) 146
次の課題は (The next topic is 73) 80
次の月曜日までに (by next Monday 24) 27
次の資料をご覧ください (Take a look at the next slide please 52) 62
次のスライド (The next slide shows 178) 182
次のスライドをご覧ください (Please take a look at the next slide showing 75) 81
伝えておきますので，後日確認をお願いいたします (Further instructions will come from 79) 82
手助けをするために来ました (I am here to help 122) 126
では (Let's begin with 50) 61
では，問題を整理していきましょう。(Let's try to sort out the issues. 136) 143
では全員が揃ったようですので会議を始めたいと思います。 96
(Now that everyone is here, I would like to start. 90)
では次にこの問題について解決していきましょう。(Let's try to deal with this problem. 158) 165
ではまた後ほど。(Talk to you later. 142) 146
同意します (I agree with 78) 82
どういたしまして (My pleasure. 161) 167
当初のプロジェクト計画に専念しましょう (Let's stick with the original project plan for now 92)97
当初の予定では (Now the original plan was for 91) 96
独占契約により，(Based on an exclusive contract between 108) 113

な

は

プロジェクトへのご意見ありがとうございました。(Thank you for your input. 95) 98
他に (Does anyone 58) 64
他にありません。ご清聴，ご賛同ありがとうございました。 82
(Nothing further, sir. Thank you very much for your time and support! 79)
他に何か意見がある方はいますか。(Does anyone else have anything else to share? 95) 98
他に何かご意見はありますでしょうか。(Is there anything else? 79) 82
他にも何か問題はありましたでしょうか。 164
(Is there anything else you wish to report about? 156)
他に私の方で何かできることはありますでしょうか。(Is there anything else I can do? 139) 144
他の指示は (We will inform you about 79) 82
誇りに思っています (I am honored to announce that 176) 181
本日の課題を説明した後 (After we go over the agenda items 50) 61
本日の議題は (Today’s topic is 90) 96

ま

まず，開発するに至った経緯を説明し (First, I would like to describe the background of 50) 61
まず第一点は (First of all 58) 64
まず初めに (First of all 49) 61
まずは，騒音問題についてから対応していきたいと思います。 164
(First, let us address the noise issue. 156)
まずは，～に何が起きたかを調べていきましょう 143
(First, we need to find out what happened to ～ 136)
まずは，本日の会議を始める前に，(Before I begin 122) 126
また (In addition, 56) 64
まとめ上げるために，一緒に頑張っていきましょう (We need to put together 39) 42
見てください (Have a look at 35) 41
皆様方のご尽力に感謝いたします。 181
(I would like to thank all of you for your devotion. 176)
皆様から～に関するフィードバックを頂ければと思います 63
(Now, we would like to hear your feedback ～ 54)
皆様全員のすばらしいサポートと，良い一年に対し感謝申し上げます。 183
(Thank you all for your excellent support and a great year! 180)
皆様のご協力により～ことができました 181
(Thanks to everyone’s support, we were able 177)
皆様もご承知の通り (As you know 50) 61
みなさん，有難うございます (Thank you, everyone 60) 65
みなさんのご意見をお聞かせください。(What do you think? 78) 82
明朝までに貴方のオフィスに彼らを派遣するようにします。 144
(I will have them in your office by tomorrow morning. 139)
申し訳ございませんでした。 (I’m sorry to hear that. 136) 143
もう少し聞かせてくれないかな。 26
(This means the product has to be affordable and easy to use. Tell me more! 22)
もう一つだけ私のために確認して頂けますでしょうか。 166
(Would you please check one thing for me? 159)
もうひとつの問題は (Another issue is 90) 96